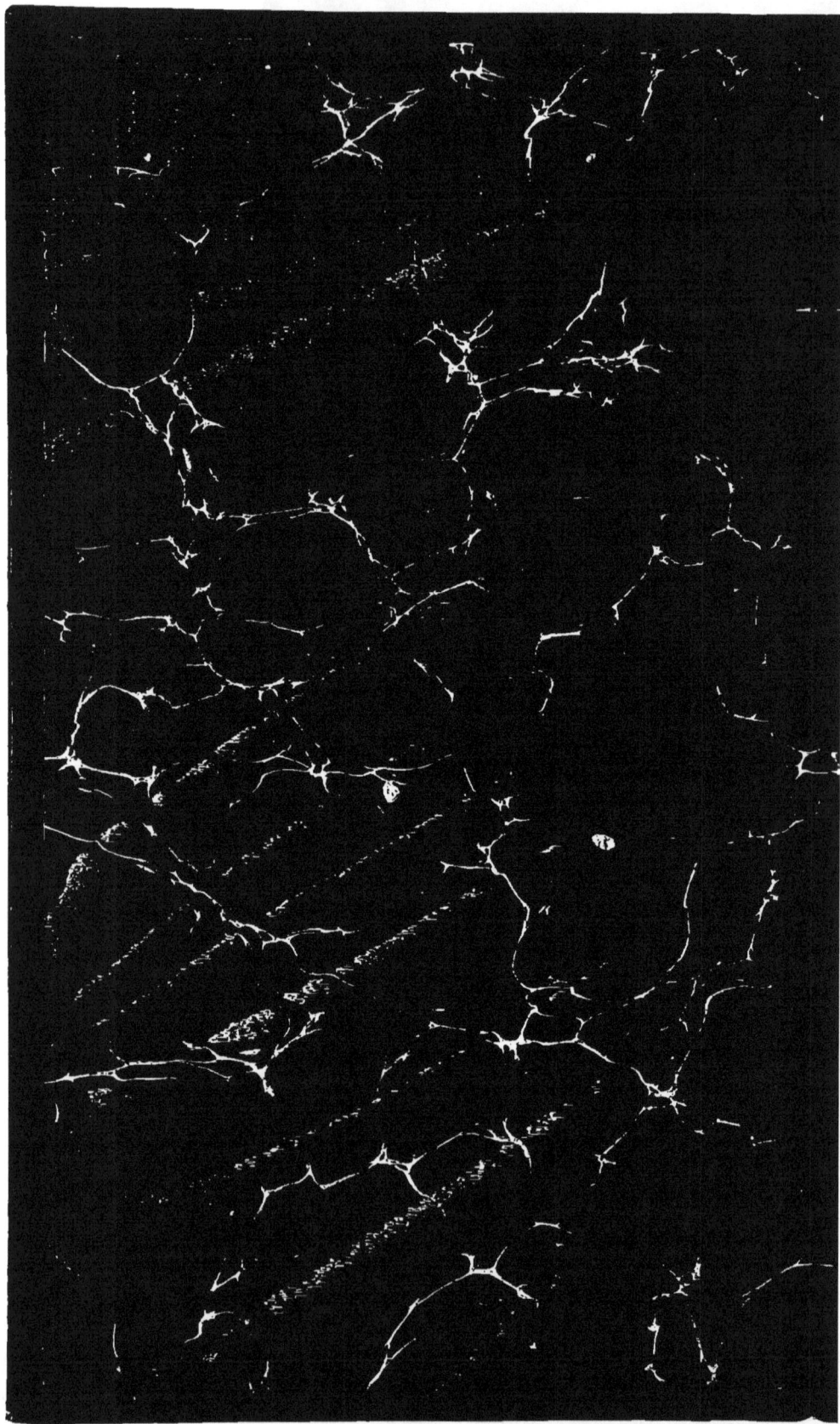

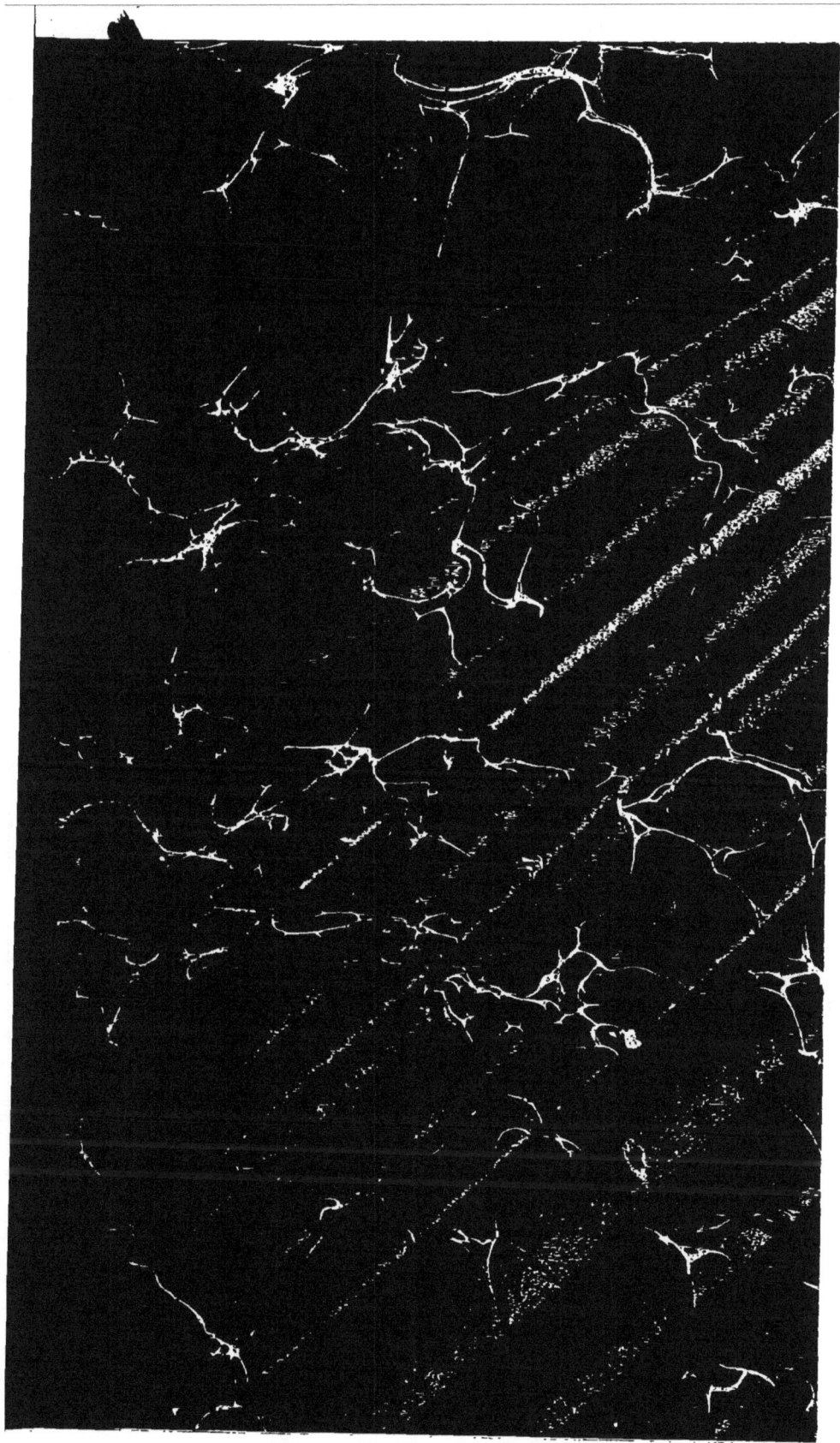

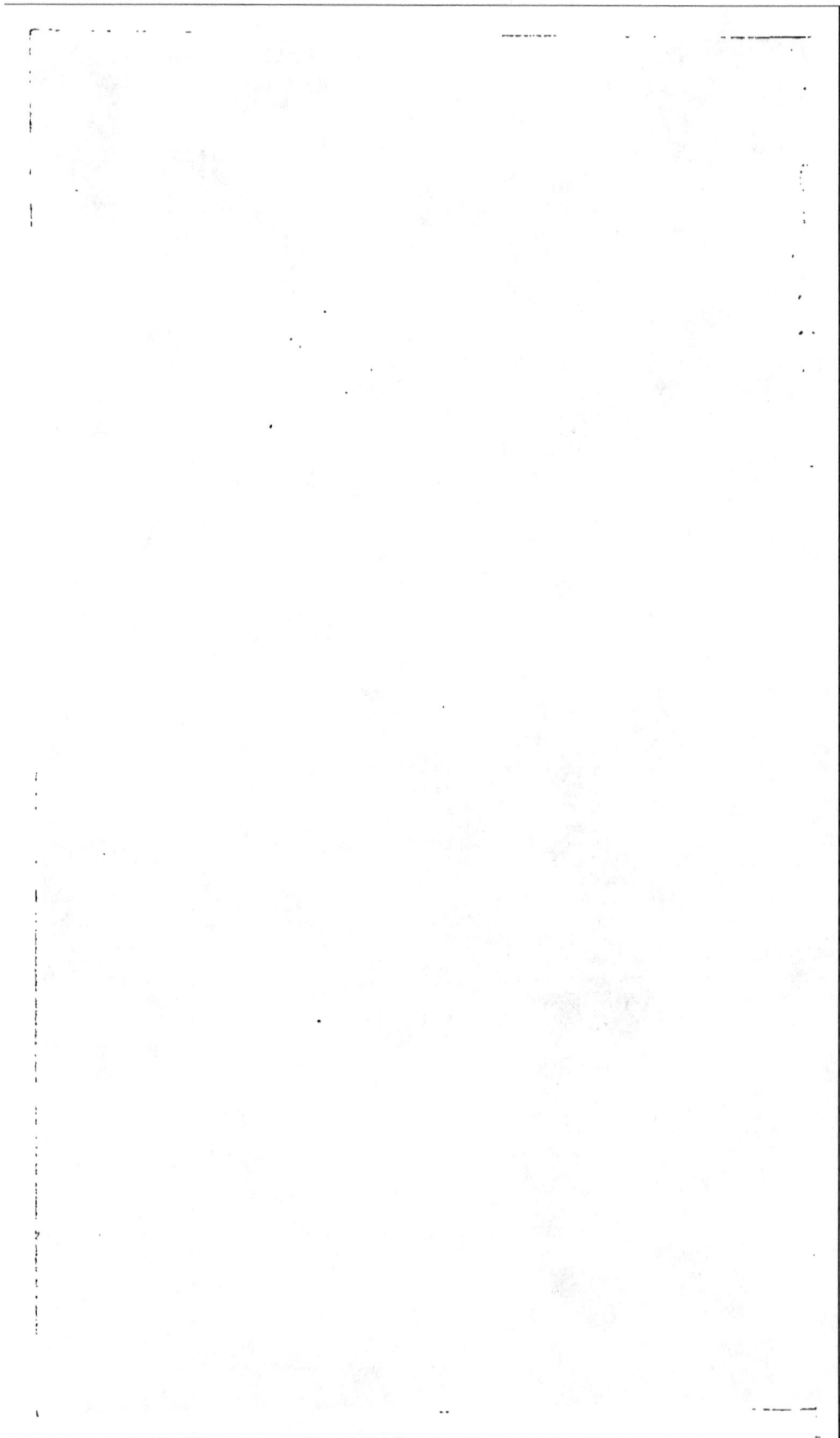

DE LA JUSTICE CRIMINELLE

EN TOSCANE

ET

DE LA PEINE DE MORT.

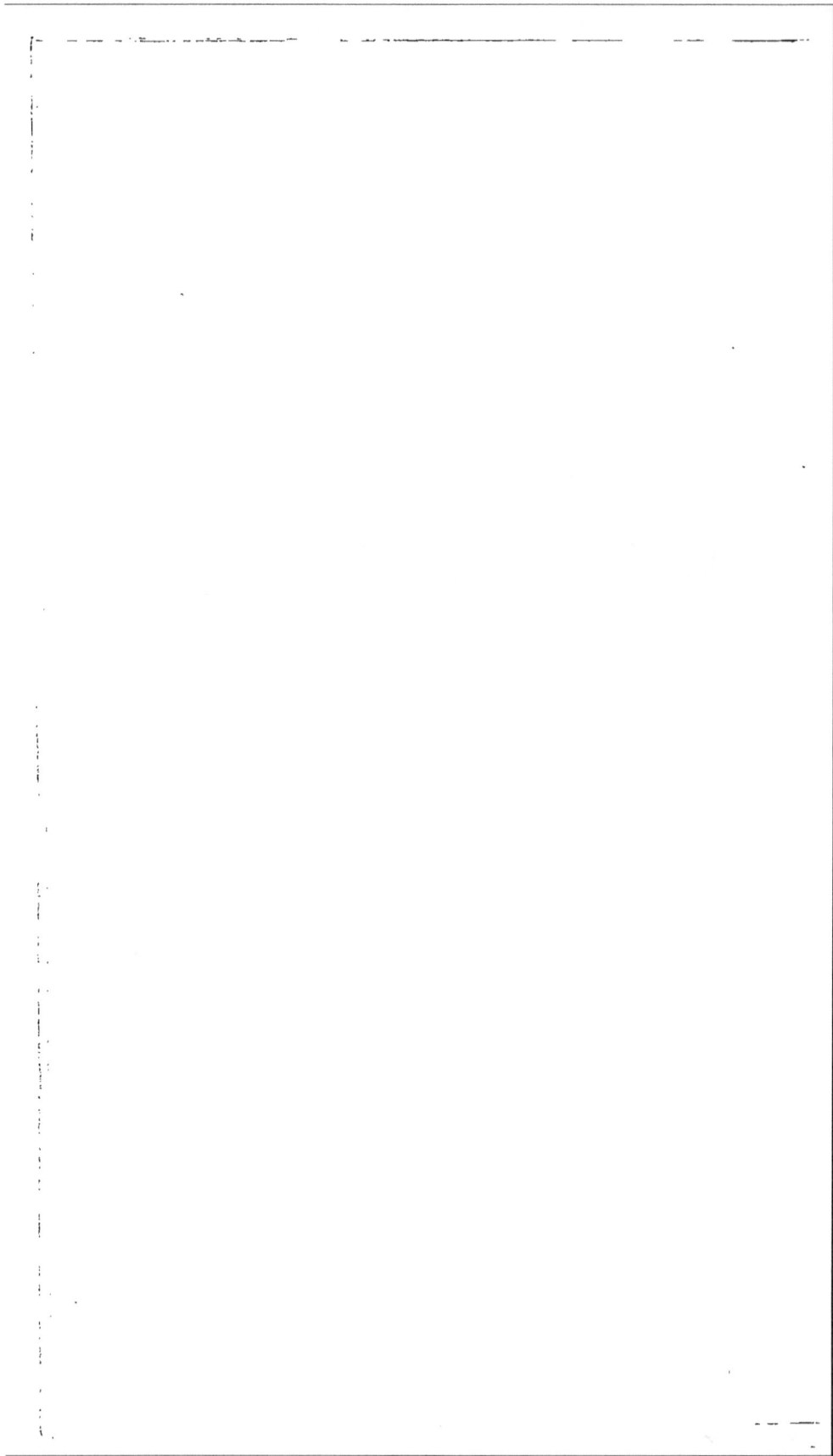

DE LA JUSTICE CRIMINELLE

EN TOSCANE

ET

DE LA PEINE DE MORT

PAR

M. DU BOISAYMÉ,

Des Instituts d'Egypte & de France, de l'Académie des Sciences de Turin,
des Académies de Florence, Sienne, etc.

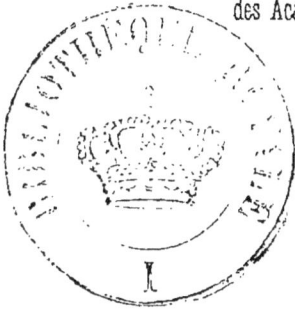

GRENOBLE,

IMPRIMERIE DE PRUDHOMME ET BLANCHET,
Rue Lafayette, 14.

—

1844.

1845

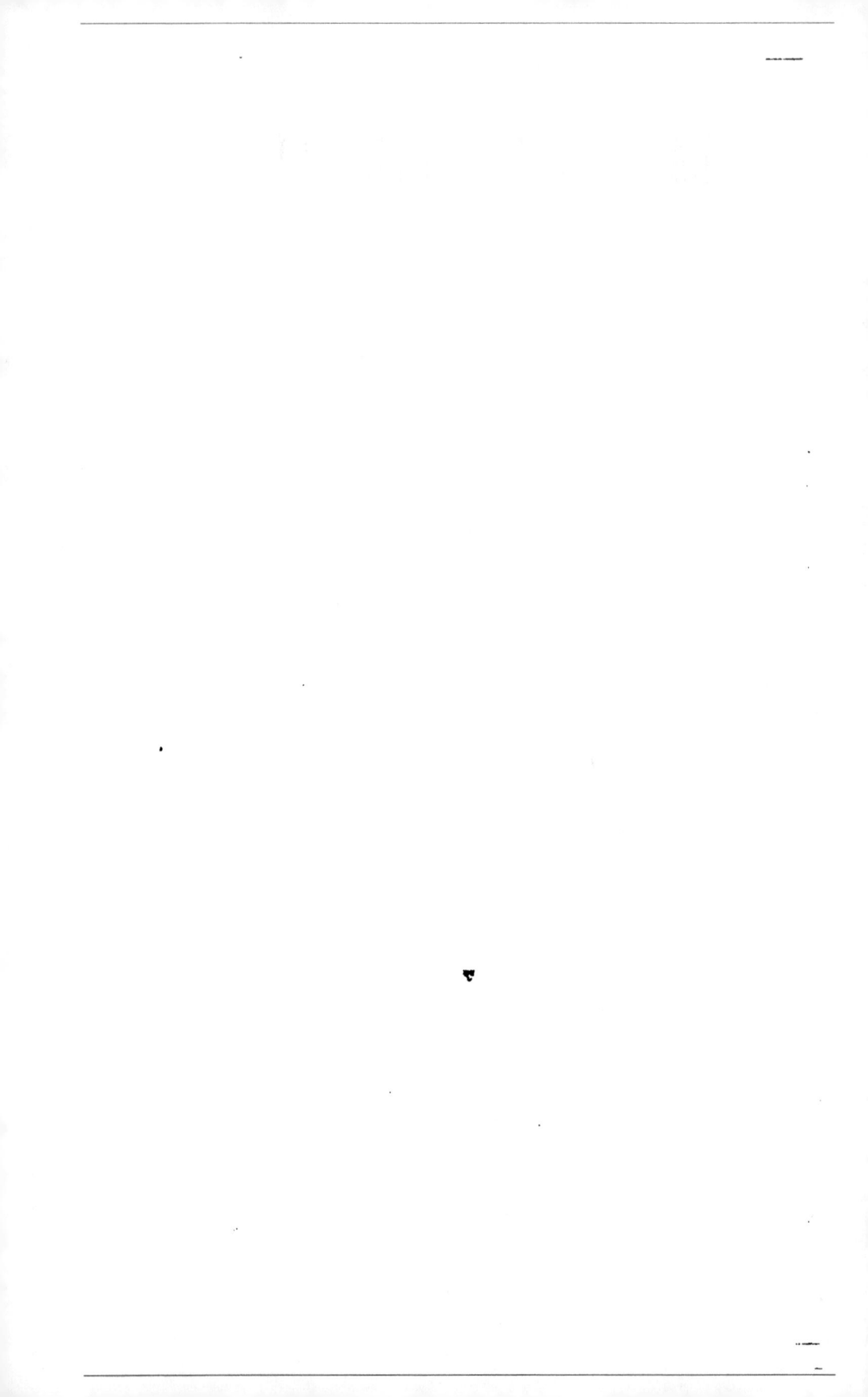

DE LA JUSTICE CRIMINELLE EN TOSCANE

ET

DE LA PEINE DE MORT.

CHAPITRE Ier.

De la Justice criminelle en Toscane (1).

———

Des jurisconsultes célèbres, des historiens distingués, des membres de l'Institut, qui partageaient la croyance, généralement répandue en France, de la non-existence de la peine de mort en Toscane, m'avaient engagé, lorsque je me rendis en 1841 au Congrès scientifique de Florence, à recueillir des renseignements sur les modifications que la suppression de cette peine avait apportées dans les mœurs; ils désiraient savoir quel châtiment lui avait été substitué, et quelle était enfin la législation criminelle de ce pays.

J'appris, en arrivant en Toscane, que la peine de mort y avait été rétablie depuis une cinquantaine

(1) Un extrait de ce Mémoire a été lu par l'auteur à l'Académie des Sciences morales et politiques de l'Institut, le 24 juin 1843.

d'années, mais que son application n'avait jamais cessé d'y être extrêmement rare. Cette peine avait antérieurement, et dès 1765, été supprimée de fait sinon de droit, durant une vingtaine d'années, par des ordonnances temporaires de Léopold Ier, ayant pour but d'étudier, de préparer la réforme définitive de la justice criminelle en ses Etats. Une de ces dispositions préparatoires avait été, par exemple, de supprimer par son édit du 8 novembre 1769, en dépit des oppositions de la Cour de Rome, le droit d'asile des églises et des monastères où les criminels vivaient audacieusement, impudemment, en sortaient à l'improviste, comme la bête féroce de son repaire, pour commettre de nouveaux crimes et s'y retirer de nouveau : le grand-duc les fit enlever et renfermer dans les prisons de l'Etat, pour y être traités *avec toute la charité chrétienne* (ce sont les termes de l'édit), être jugés immédiatement et ne pouvoir être punis,, quels qu'aient été leurs crimes, de plus de dix ans de fers, ainsi qu'il l'avait proposé inutilement au pape dès 1765.

La suppression définitive de la peine de mort eut lieu sous Léopold Ier, le 30 novembre 1786, par la publication de son célèbre Code, connu en Italie sous le nom de *Codice leopoldino*. En voici le remarquable préambule :

« Pierre-Léopold, par la grâce de Dieu grand-
» duc de Toscane, etc., etc.

» Dès notre avènement au trône de Toscane,
» nous regardâmes comme un de nos principaux
» devoirs l'examen et la réforme de la législation
» criminelle, et, l'ayant bien vite reconnue trop

» sévère et dérivée de maximes établies dans les
» temps les moins heureux de l'empire romain ou
» pendant les troubles de l'anarchie du moyen âge,
» et qu'elle était surtout peu appropriée au carac-
» tère plein de douceur et de bonté de la nation,
» nous tâchâmes d'en tempérer provisoirement la
» rigueur par des instructions et des ordres à nos
» tribunaux, et par des édits particuliers au moyen
» desquels *furent abolies la peine de mort*, la tor-
» ture et les peines immodérées et non proportion-
» nées aux transgressions et contraventions aux
» lois fiscales, jusqu'à ce que nous nous fussions
» mis en mesure, moyennant un mûr et sérieux
» examen et le secours de l'expérience, de réformer
» entièrement ladite législation.

» Nous avons en effet reconnu, avec la plus vive
» satisfaction pour notre cœur paternel, que l'a-
» doucissement des peines, joint à la plus exacte
» vigilance pour prévenir les actions coupables, et
» à la rapide conclusion des procès, à la prompti-
» tude et à la certitude de la peine appliquée aux
» véritables délinquants, bien loin d'accroître le
» nombre des délits, a considérablement diminué les
» plus communs, rendu presque inouïs les plus
» atroces, et nous avons pris la détermination de
» ne pas différer plus longtemps la réforme de la
» législation criminelle par l'abolition définitive de
» la torture et de la peine de mort, comme inutiles
» au but que se propose la société ; par la suppres-
» sion de la confiscation des biens, qui presque
» toujours atteint une famille innocente, et par le
» retranchement de cette multitude de délits,
» improprement appelés crimes de lèse-majesté,

» punis avec un raffinement de cruautés inventé
» en des temps pervers; enfin, par la fixation, pour
» chaque nature de délits, de peines proportionnées
» et inévitables.

» Et nous nous sommes résolu à ordonner,
» dans la plénitude de notre autorité suprême, les
» dispositions ci-après, etc. »

L'importance de ce préambule nous le fera trans-
crire dans sa langue originale à la fin de ce Mémoire.

Léopold, élu empereur d'Allemagne quatre ans
après, avait quitté la Toscane depuis le 1er mars,
lorsque le conseil de régence (real consiglio di
reggenza), auquel il avait laissé le gouvernement
du grand-duché, et qui y rendait encore la justice
en son nom avant l'arrivée de son successeur Ferdinand III, publia, le 30 juin 1790, le rétablissement
de la peine de mort, mais pour le seul crime de
chef de révoltés contre le souverain. Voici les propres termes de l'ordonnance :

«..... Per i casi avvenire debbono punirsi colla
pena di morte.... tutti quelli che ardiranno di
infiammare, di sollevare e mettersi alla testa del
popolo, per opporsi con pubblica violenza alle
provide disposizioni del governo, ecc. » *(A l'avenir
devront être punis de la peine de mort tous ceux qui
soulèveront le peuple et se mettront à sa tête pour
s'opposer à force ouverte aux actes du gouvernement, etc.)*

Ce fut la peur, peur irréfléchie mais assez naturelle pourtant, des premiers excès de notre révolution, qui fit faire ce pas rétrograde à la justice
criminelle en Toscane. On y crut la peine de mort

nécessaire pour empêcher que quelques faibles émeutes, qui avaient éclaté en divers cantons et y avaient été réprimées à l'instant, ne se renouvelassent et ne s'étendissent de toute part. Ce fut une grande erreur : le peuple demande-t-il une chose juste, il faut la lui accorder sans hésitation et sans faiblesse; demande-t-il une chose nuisible au pays, il faut la lui refuser, motiver le refus, et s'il persiste et emploie la violence, le repousser sans ménagement, tuer, s'il le faut, les coupables pendant la lutte, être humain après la victoire.

Les mêmes causes qui en 1790, sous la Régence, avaient fait rétablir la peine de mort en Toscane contre les chefs de révolte à main armée, déterminèrent Ferdinand III, le 30 août 1795, après cinq ans de règne, à étendre cette peine à tous les meurtres commis après mûres délibérations (matura e ante-cedente deliberazione e consiglio, art. 13); dans cette classe il comprit l'infanticide, mais la non-préméditation, toujours admise par les magistrats toscans quand il s'agit de ce dernier crime, en éloigne toute idée de peine capitale dans l'esprit des personnes tentées de le commettre, et il n'en est pas moins, malgré cela, presque inconnu en Toscane, grâce à l'opinion publique moins cruelle contre les grossesses illégitimes qu'en France où la jeune fille séduite est déshonorée et le séducteur impuni.

Le même édit de 1795, du grand-duc Ferdinand, appliqua encore la peine de mort à tout acte tendant à détruire ou altérer la religion catholique et l'autorité du prince, et de cette extension si énorme, si inutile, il ne donna aucun motif; c'est qu'en effet il

1.

n'en existait aucun, et que Ferdinand III, bon, mais faible, s'était laissé dominer, dès les premières années de son règne, par des gens avides, superstitieux, qu'avaient irrités les sages réformes civiles et religieuses de son père. Ajoutons toutefois, pour être juste, que durant tout le temps qu'il séjourna en Toscane, c'est-à-dire de juillet 1790 jusqu'en mars 1799, où les événements de la guerre le déterminèrent à se retirer en Autriche, il n'y eut, durant les huit premières années, au milieu des troubles politiques qui agitaient l'Europe, aucune condamnation à mort. Deux eurent lieu le 7 novembre 1798, pour le même délit politique : l'un des accusés, le sieur Salucci, Florentin, fut condamné par contumace ; l'autre, nommé Dattili, Napolitain, se trouvait en récidive, et cependant la peine de mort prononcée contre lui fut commuée en une détention perpétuelle dans la citadelle de Volterre.

Un conseil souverain gouverna la Toscane au nom de Ferdinand III aussitôt la retraite des troupes françaises qui avaient forcé ce prince, trois ou quatre mois auparavant, à se retirer en Autriche. Ce conseil supérieur, par ses persécutions, ses injustes condamnations (aucune à mort pourtant), et les massacres qu'on l'accuse d'avoir excités sourdement contre les Israélites du pays et des Français sans défense, plongèrent la Toscane dans le deuil.

Les insurgés qui commirent ces crimes marchaient sous la bannière de la sainte Vierge! Nous en avions commis d'aussi graves en 1793 sous l'étendard de la liberté! Toscans et Français profanèrent, dans leur exaltation poussée jusqu'à la démence, deux drapeaux également vénérés des

deux peuples, et ne devant inspirer que d'héroïques et bienfaisantes vertus.

« Treize Juifs (dit M. Potter dans sa publication
» des Mémoires de l'évêque de Pistoja, Ricci, tom.
» 2, pag. 354), treize Juifs furent massacrés à
» Sienne par les Arétins, et parmi eux se trouvaient
» des vieillards, des enfants et une femme en-
» ceinte....... Trois Juifs furent brûlés avec l'arbre
» de la liberté ; à l'un d'eux, l'on coupa les bras
» et les jambes qu'on jeta, à sa vue, sur le bûcher,
» et enfin, après lui avoir fendu le ventre, on
» précipita le tronc palpitant dans les flammes,
» où cet infortuné expira. Le cardinal archevêque
» de Sienne donna sa bénédiction pastorale à ces
» cannibales. »

Ma plume se refusait à tracer ces horribles détails ; si j'ai surmonté mon dégoût, mon horreur
profonde, c'est pour montrer que le peuple, dans
ses moments de démence, est en Toscane aussi
enclin aux crimes qu'en France, et que cependant
avec *onze fois moins d'exécutions à mort*, toutes
proportions gardées, on y maintient aussi complétement la sécurité des personnes et des choses ; ce
que prouve le rapport, commun aux deux pays,
entre la population et le nombre des prévenus de
toute nature de crimes et délits.

La victoire de Marengo soumit de nouveau la
Toscane à la France ; les prisons des détenus politiques furent ouvertes, et la France signala au
même instant sa puissance par un grand acte de
sagesse et de générosité : le général Miollis fit
brûler publiquement tous les actes, registres et
dossiers de procédures, au nombre d'environ

trente mille, dressés par le dernier gouvernement pour des faits politiques, arrêta ainsi les vengeances, empêcha de tristes et funestes représailles. Honneur à la noble France et à son digne général !

En 1801, la Toscane fut érigée en royaume, par la république française, pour un Bourbon. Une réaction contre les réformes léopoldines se manifesta de nouveau ; l'inquisition, le croirait-on ! fut rétablie, mais la puissante tutelle de la France mit obstacle à toute violence : aucune ne fut commise.

Napoléon réunit, en 1808, le royaume d'Etrurie à l'empire français ; et, je le dis à regret, car sa gloire est la nôtre, son Code pénal, ses décrets, prononçaient la mort dans une foule de cas. Des insurgés de l'Apennin toscan furent, par suite de la rigueur de ses commissions militaires, condamnés à mort en 1809 (1). Car, quelle que soit la justice de leur cause, ou le peu d'importance de leur tentative, des insurgés sont toujours des brigands aux yeux du souverain, aux yeux surtout de ses courtisans, de ses partisans intéressés, de ses juges serviles, alors qu'une saine raison absout bien souvent le vaincu, et flétrit toujours le vainqueur quand il ne pardonne point.

(1) Les mêmes faits se passent aujourd'hui, et avec plus d'injustice, dans le Bolognois et autres Etats de l'Eglise : le pape, ce pontife d'un Dieu de miséricorde, y fait juger et condamner à mort, par des commissions militaires, des insurgés dont tout le crime est de demander la réforme des abus les plus monstrueux, les plus opposés à la sainte morale de l'Evangile.

Outre les commissions militaires instituées pour juger les actes de rébellion, les complots contre l'Etat, il y avait, pour les crimes qui, dans la plupart des départements de l'ancienne France, étaient soumis à la décision des cours d'assises, des tribunaux spéciaux composés de militaires et de magistrats jugeant sans le concours du jury. Ces tribunaux eurent rarement, en Toscane, à appliquer la peine de mort : la première exécution eut lieu à Florence, sur la place de Santa-Maria-Novella, malgré les instantes prières de la municipalité qui, au nom de tous les habitants, demandait à mains jointes qu'à défaut d'une commutation de peine, l'échafaud fût du moins dressé en quelque endroit écarté. La sage prière fut rejetée : ce fut un jour de deuil pour Florence; personne ne se montra sur la place de Santa-Maria-Novella, les maisons qui l'entourent semblèrent inhabitées.

La chute de Napoléon, le démembrement de l'empire français, ramenèrent Ferdinand en Toscane, après quinze années d'absence, et ce prince, dont tant de personnes redoutaient le retour, sut tout d'abord se faire aimer : il reconnut noblement, hautement, à la face de ses sujets et de l'Europe entière, ses fautes passées; il fit mieux encore, il tint jusqu'à la fin de ses jours les promesses qu'il avait faites, chose admirable en ce siècle, où tant de souverains ont trompé leurs peuples par des paroles emmiellées, pour les remuseler plus aisément après les avoir déchaînés contre nous au nom de l'égalité des droits et de la liberté de tous.

Ferdinand trouva, à son retour dans ses anciens

Etats, toutes les lois françaises abolies, toutes les siennes rétablies par le gouvernement provisoire que présidait le prince Rospigliosi, et une nature de crime de plus, atteint par la peine de mort en vertu d'une disposition temporaire motivée sur la nécessité, disait-on, de réprimer les excès des soldats licenciés qui alors, de toutes parts, traversaient l'Italie : ce crime est le vol avec violence et blessures, crime désigné en Toscane sous le nom de *latrocinio* ; et cette mesure, qui ne devait avoir qu'une courte durée, n'a pas encore été rapportée : sort commun à la plupart des lois provisoires. Disons toutefois, de celle-ci, qu'elle n'a point encore fait commettre d'homicide judiciaire : les mœurs, en tous pays, sont plus fortes que les lois.

Ainsi donc en Toscane, aujourd'hui,

Les actes de violence tendant à détruire le gouvernement et la religion,

L'homicide prémédité,

Le vol avec violence et blessure,

Sont les seuls crimes passibles de la peine de mort.

Les enfants au-dessous de dix-huit ans, coupables de crimes quelconques, sont enfermés dans une maison pénitentiaire pour un temps plus ou moins long, qui, jusqu'à ce jour (1843), n'a jamais dépassé un an.

Les peines infligées en matières criminelles, sont :

La mort,

Les travaux forcés publics à vie,

Les travaux forcés publics à temps,

La réclusion,

La détention.

Ces deux dernières peines, depuis le 9 janvier 1837, ont été substituées, par Léopold II, à l'exil ou relégation dans les *maremmes* (1) établis sous Léopold Ier. La relégation, sous ce prince et ses successeurs, avait lieu en trois arrondissements distincts : les condamnés les plus coupables et les plus insubordonnés étaient envoyés à Grossetto; ceux du second degré, dans la province siennoise-inférieure, et les moins coupables, à Volterre.

La relégation à Grossetto a été remplacée par la réclusion dans la maison de force (casa di forza) de Volterre; la relégation dans la province sien-noise-inférieure, par la détention dans la maison de détention de la forteresse de Volterre; et la relégation dans Volterre, par l'exil hors de la pro-vince qu'habitait le condamné, et de celle où il a commis le crime.

La relégation dans les maremmes nuisait au dé-veloppement des améliorations de toute nature à introduire dans ces fertiles contrées : elle était une offense pour les gens honnêtes qui l'habitent. Ajoutons encore, qu'en un pays si insalubre sur bien des points, c'était en quelque sorte une peine de mort pour les relégués, qui ne pouvaient tous, comme les habitants libres, se retirer sur les col-lines voisines durant la saison des fièvres pestilen-tielles qui désolent la plaine. Renfermés mainte-nant à Volterre, ils y respirent un air salubre et sont traités avec douceur, et s'ils ont perdu la liberté de travaux et de locomotion dont ils jouis-saient comme relégués, la diminution de la durée

(1) Plaines marécageuses le long de la mer.

de la peine a été pour eux une sorte de compensation : elle a été réduite de moitié pour tous les crimes et délits : le maximum était de dix ans et le minimum de six mois ; l'un est maintenant de cinq ans et l'autre de trois mois.

Les condamnés aux travaux forcés publics à vie ou à temps sont, à leur sortie des prisons de Florence, soumis depuis dix heures du matin jusqu'à onze, à l'exposition publique sous la garde du bourreau et d'un piquet de sbires ; et pendant cette heure si longue, la grosse cloche de la tour de la prison ne cesse de sonner. Transférés ensuite dans les bagnes de Porto-Ferrajo et de Livourne, ils y sont enchaînés et employés comme nos galériens, et portent sur leurs vêtements un écriteau qui dit à tout le monde la nature de leur crime.

Quant aux condamnations à mort, au moment où l'arrêt a été prononcé, la confrérie de la Miséricorde en est avertie par la *Cavolaja*, nom populaire d'une des cloches de la cathédrale ou *duomo*, et les pénitents, toujours de garde, au nombre de vingt-neuf, se réunissent à l'instant dans un édifice situé en face du dôme ; d'autres accourent se joindre à eux, et tous ensemble en sortent bientôt, revêtus de leurs longs dominos noirs, qui cachent entièrement leurs formes et leurs traits, et ne présentent que les petites ouvertures nécessaires pour voir et respirer. Ainsi vêtus et rangés processionnellement, ils se rendent en toute hâte dans le cachot du condamné, pour lui donner toutes les consolations de la religion, lui faire servir les mets qu'il désire, quel qu'en puisse être le prix, recevoir ses recommandations pour sa famille, pour ses affaires, pour le repos de son âme. Puis, le jour fatal arrivé, ils l'accompagnent à l'échafaud élevé hors de Florence du côté de la porte *alla Croce*, et, l'exécution consommée, reçoivent le corps du supplicié dans une bière; ils le présentent à l'église, ils y prient Dieu pour lui, le portent au cimetière, et assistent pieusement à sa sépulture.

Les membres de cette généreuse association sont au nombre de douze cents environ, appartenant à toutes les classes de la société, depuis la plus élevée et la plus riche jusqu'à la plus inférieure et la plus pauvre. Partout où un homme est blessé ou tué, on les voit accourir, appelés par la *Cavolaja* (1), qui, selon qu'elle sonne, à intervalles égaux, un coup, ou deux coups, ou trois coups, leur apprend s'il y a simple blessure, ou blessure mortelle, ou

(1) La *Cavolaja,* c'est-à-dire, mot à mot, la marchande de choux, et dans son application usuelle la marchande de légumes, est le nom que le peuple de Florence donne à la cloche de Santa-Maria del Fiore, dont le véritable nom, le nom de baptême, est *Berta* (Berthe). Cette cloche sonne tous les hivers, de sept heures et demie à huit heures, en mémoire, dit une vieille tradition populaire, de la découverte due à une cavolaja, de meurtres horribles qui se commettaient dans un de ces lieux secrets nommés *oubliettes,* dont les traces se voient en maints palais du moyen âge, et qui ne sont point encore tout à fait hors d'usage, dit-on, dans les Etats de Naples et de Sicile. La pauvre cavolajà habitait une cave au-dessous du palais Strozzi; elle aperçut avec effroi, un soir d'hiver, entre sept à huit heures, du sang suinter de la voûte! elle courut en prévenir le magistrat, une visite fut faite dans le palais, et le crime reconnu et puni.

meurtre. La première sonnerie est dite *a ferita;* la seconde, *a ferita mortale;* la troisième, *a morte.*

La confrérie se compose de soixante-douze *capi-di-guardia* (chefs de garde), savoir : dix prélats, quatorze séculiers nobles, vingt prêtres et vingt-huit séculiers plébéiens; après ces soixante-douze frères, viennent deux cent huit *giornanti*, ainsi nommés, parce qu'ils fournissent chaque jour vingt-neuf hommes de garde, dont vingt-cinq séculiers et quatre ecclésiastiques. Les giornanti sont les aspirants au grade de capi-di-guardia. Au-dessous d'eux sont les *stracciafogli*, composés de cent cinquante séculiers et de trente ecclésiastiques, non compris les clercs de la cathédrale. Viennent ensuite, en nombre illimité mais assez ordinairement d'environ sept cents, les frères *buonevoglie* ou de bonne volonté : ils n'ont droit à aucun avancement ni à aucun des avantages attachés aux autres classes.

A la tête de la confrérie est un conseil directeur composé de douze *capi-di-guardia*, désignés tous les quatre mois par la voie du sort, de manière à y appeler toujours deux prélats, deux séculiers nobles, quatre prêtres, quatre séculiers plébéiens.

Outre ce conseil composé de membres temporaires, il y a encore dix conservateurs à vie qui peuvent assister à toutes les réunions du conseil, et dont le soin principal, le premier devoir, est de veiller à la stricte observance des statuts de la confrérie. Huit de ces conservateurs sont élus par les soixante-douze *capi-di-guardia*, et choisis dans leur sein ainsi qu'il suit : deux prélats, deux nobles, deux prêtres, deux plébéiens. Deux autres conservateurs le sont de droit : l'un est le grand-duc et l'autre l'archevêque.

Souvent au théâtre, au milieu d'une représentation agréable, on voit des hommes de tous rangs quitter précipitamment, les uns le parterre et leurs camarades, les autres les loges et les plus attachantes conversations, car c'est là le salon où les dames reçoivent le plus de visites ; ces hommes de toutes conditions ont entendu la cavolaja, ils courent revêtir leurs habits de pénitents, ces habits qui vont les rendre tous égaux, et dérober au monde le nom des plus charitables et des plus dévoués, Dieu seul les connaîtra, et tous s'élancent vers le lieu où une souffrance, un malheur, les appelle.

Des confréries semblables existent dans presque toutes les villes d'Italie. Leurs créations datent des pestes effroyables qui ravagèrent ce pays au moyen âge, et qui eurent, dans Boccacio, à Florence, un si admirable historien. — La fièvre jaune et le choléra ont présenté de nos jours, aux Italiens de la noble confrérie, des périls non moins grands, et les ont trouvés aussi intrépides, aussi dévoués, que leurs héroïques fondateurs.

Les condamnés à mort ont la tête tranchée, et la guillotine est l'instrument employé sans distinction de sexe et de rang.

Il y avait deux ans que la place de bourreau était vacante, lorsqu'en 1816 on songea à y nommer, et comme personne ne se présentait, on commença, pour diminuer l'horreur et l'infamie attachée au nom de bourreau, par lui substituer celui de *maestro dei supplicii*, maître des supplices, ce qui n'empêcha pas que l'on ne fût plusieurs années

encore sans pouvoir se procurer en Toscane cet
horrible salarié de l'Etat, ce meurtrier à gage, que
tout le monde continua, comme par le passé, d'appeler le bourreau (1).

Le cours de la justice criminelle a lieu ainsi qu'il
suit :

(1) Quelques sophistes osent assimiler la profession
de bourreau à toute autre ; ils trouvent injustes l'horreur et
le mépris qu'inspire cet homme, alors qu'on n'éprouve que
tristesse et compassion à la vue des soldats qui viennent
de fusiller un de leurs camarades. Comment ne pas voir
que pour le bourreau c'est un métier de son choix que
celui d'égorger de sa main les condamnés qu'il a garrottés
sur une planche, comme l'animal immonde sur l'établi du
boucher, et que plus on lui livre d'hommes à égorger ainsi,
plus l'année est bonne pour lui ; tandis que les soldats
n'ont tiré qu'à regret sur le condamné et par obéissance
forcée à de terribles lois. Ajoutons, qu'en tirant tous
ensemble, personne ne peut dire de l'un d'eux : c'est celui-là
qui l'a tué. Les uns auront détourné leurs armes de dessus
lui, les autres ne l'auront frappé que pour l'enlever à une mort
ignominieuse, et lui conserver, ainsi qu'à eux-mêmes et aux
militaires de tout rang, le précieux et noble privilége de
mourir comme sur un champ de bataille, de la main et à
la manière des braves. Le condamné a pu, libre de tous
liens, recevoir la mort debout, la tête haute, lui-même
commander le feu, et ses anciens camarades lui obéir
comme chacun d'eux voudrait être obéi alors qu'à la guerre,
mutilé cruellement en un combat, sans possibilité de guérison, il supplierait ses frères d'armes de l'achever pour lui
épargner de longues et horribles souffrances.

Sophistes insensés, vous vous efforcerez vainement d'assimiler la plus noble des professions à la plus vile, à la
plus infâme, à la plus lâche de toutes : le bon sens public
sera toujours plus fort que vos sophismes!

L'instruction est faite par les procureurs royaux
près les tribunaux de première instance. Des magistrats d'un ordre inférieur, nommés suivant l'importance des localités, vicaires royaux, directeurs
des actes criminels, commissaires de police, podestà,
leur transmettent les procès-verbaux des crimes et
délits commis dans leurs arrondissements.

L'instruction terminée, les pièces sont remises
par le procureur royal au tribunal de première
instance auquel il est attaché. Trois juges formant
pour l'année courante une des sections de ce tribunal, examinent les pièces et décident à la majorité
si le tribunal dont ils font partie est compétent pour
l'action incriminée, ou si elle est, par sa gravité,
de la compétence de la Cour royale de Florence,
Cour unique pour toute la Toscane.

La Cour royale est-elle saisie de l'affaire, elle
en soumet toutes les pièces à la chambre d'accusations (camera di accuse), composée de trois juges,
savoir : un vice-président et deux conseillers,
alternant de fonction tous les ans avec d'autres
magistrats du même rang, par suite d'un roule-
ment en usage dans tous les tribunaux. C'est à la
majorité des voix, au vu des pièces, sans plaidoiries
ni intervention des parties ou de leurs défenseurs,
que la chambre d'accusations rend, dans les cinq
jours et à huis clos, ses jugements, qui tous doivent
être motivés, et prononcer ou la mise en liberté
de l'accusé, ou son renvoi devant le tribunal de
première instance ou devant la Cour royale. Les
jugements de renvoi sont sujets à cassation; ceux
de non-accusation sont inattaquables, et entraînent
la mise en liberté immédiate de l'accusé, et celui-ci

ne peut plus, quelque nouvelle preuve que l'on
recueille, être poursuivi pour le même crime.

L'affaire est-elle définitivement reconnue de la
compétence de la Cour royale, la section criminelle, nommée *camera decidente ordinaria*, s'en
empare. Cette chambre, composée d'un vice-président et de cinq conseillers, entend le procureur
général ou son suppléant, les parties, les défenseurs, les témoins. Les débats sont publics; les
condamnations à mort ne peuvent être prononcées
qu'à l'unanimité; les autres le sont à la pluralité
des voix, et, en cas de partage, l'avis le plus favorable à l'accusé est celui qui prévaut.

Si la chambre *decidente* reconnaît que l'action
incriminée n'est pas dans la catégorie de celles qui
nécessitent le renvoi devant elle, elle ne s'en
dessaisit pas pour cela, juge comme l'eût fait un
tribunal de première instance, et applique comme
lui, à l'accusé reconnu coupable, les peines cor-
rectionnelles. Tous les jugements de cette chambre
sont en dernier ressort, mais ils peuvent être cassés
par la Consulte royale (real Consulta), formée en
cour de cassation, ensuite du recours par le condamné ou par le procureur général, chef du
parquet de tous les tribunaux, y compris la Consulte
royale; celle-ci se compose d'un président, d'un
vice-président, et de cinq conseillers. La partie
civile ne peut appeler en cassation. L'arrêt de
cassation de la Cour suprême ordonne le renvoi
devant une autre section de la Cour royale, nommée
chambre *décidente straordinaria*, composée de la
même manière que la *decidente ordinaria*. Cette
chambre, quelle que soit sa conviction sur la gravité

du crime, ne peut élever la peine prononcée par les premiers juges que jusqu'au degré de pénalité inférieure à la peine de mort.

Lorsqu'un jugement définitif, inattaquable, a été rendu par la Cour royale et qu'il porte condamnation à la peine de mort ou aux travaux forcés publics, à vie ou à temps, le recours en grâce est obligatoire, et la loi du 2 août 1838, art. 262, ordonne au défenseur du condamné de le présenter d'office à la *real Consulta* ou Cour suprême, dans les cinq jours qui suivent la signification de la sentence, laquelle sentence ne peut être mise à exécution qu'après l'examen par la Consulta de la demande en grâce, et son rejet par le Souverain.

L'avocat qui manquerait au devoir qui lui est imposé par l'art. 262, serait (art. 263) immédiatement privé de l'exercice de sa profession pour tout le temps qu'il plairait à la Cour suprême de fixer.

L'obligation imposée au défenseur du condamné de former d'office le recours en grâce sans préjudice de celui que le condamné peut former lui-même, est une de ces dispositions bienfaisantes que nous avons à envier à la Toscane. Le roi, chez nous, peut accorder la vie au coupable, mais le recours en grâce n'est pas obligatoire, et les condamnations à mort ne sont pas même soumises de droit à son visa; il peut l'exiger, et le monarque qui règne aujourd'hui en France ne s'en est jamais dispensé; mais enfin il n'y est pas obligé, et cette obligation existât-elle, elle ne peut produire l'effet du recours en grâce, soit volontaire de la part du condamné, soit forcé de la part de son défenseur; car en cette supplique, en cette demande de grâce, se trouve nécessairement tout ce qui peut exciter l'indulgence, la pitié; elle a une action sur le prince que ne peut avoir la simple présentation d'un jugement à viser.

Les condamnations à mort sont rares en Toscane, et presque constamment suivies d'une commutation de peine. Il n'y a eu en ce pays, pendant les trente-quatre à trente-cinq années antérieures à la création du royaume d'Etrurie, et durant les trente années environ écoulées depuis la fin de la domination française, que huit exécutions à mort, dont deux le même jour et pour le même crime. La première des huit eut lieu en 1816, sur la personne d'Antonio Guazzini, coupable de plusieurs vols et meurtres commis avec la barbarie la plus raffinée; et cependant l'on ne put trouver un bourreau dans toute la Toscane. On fut obligé de faire venir celui de Rome, de ce pays où règne le Pontife d'un Dieu de bonté et de miséricorde, et où la bonté, la miséricorde, l'horreur du meurtre, devraient régner aussi. — A la troisième exécution, le bourreau toscan trembla et se couvrit les yeux à l'instant fatal. La dernière eut lieu en 1831; la condamnation est de 1830, contre le nommé Rosi, pour homicide prémédité. Il n'y a eu, de 1830 à 1838, c'est-à-dire pendant les huit années suivantes, qu'une seule condamnation à mort contre un contumace accusé de vol avec violence et blessure. Le 19 mai 1840, deux autres individus, les sieurs Fagioli et Sartini, furent condamnés à mort pour un crime de même nature, ainsi que deux de leurs complices, et leur peine fut commuée en celle des travaux forcés à perpétuité (1).

Ainsi, en soixante-quatre ans, huit condamnations à mort pour homicides prémédités et autres circonstances aggravantes, reçoivent leur exécution : c'est un criminel de mis à mort en huit ans ; et conséquemment, en tenant compte de la population respective de la Toscane et de la France, onze fois moins d'exécutions en Toscane qu'en France aujourd'hui, et trente-deux fois moins que durant les cinq années qui ont précédé 1 révolution de juillet (2).

Je viens de parler du rapport de la population de

(1) J'ai pris pour la moyenne des exécutions annuelles en France, depuis l'introduction des circonstances atténuantes, le chiffre trente, et pour la population de l'un et l'autre pays, trente-deux millions et demi pour la France, et un million et demi pour la Toscane.

Le nombre des exécutions en France avait été de 433 durant les cinq années antérieures à la révolution de juillet, savoir :

En 1825..... 111 exécutés ;
1826..... 111
1827..... 76
1828..... 75
1829..... 60

C'était plus de quatre-vingt-six personnes guillotinées, année moyenne.

(2) Nous sommes, au moment où ceci s'imprime, en 1844, et j'apprends qu'en 1843 il y a eu trois condamnations à mort pour vol avec violence et blessures, savoir : le 23 mars, contre Monetti, contumace ; le 23 septembre, contre Nicolini ; et le 20 octobre, contre Nuzzi. Ces trois condamnations ont été commuées en galères à perpétuité.

la Toscane avec la nôtre : il est d'environ 1 à 22, et je crois utile de remarquer ici combien cette population s'est accrue depuis 1765, époque de l'avènement de Léopold Ier au trône de Toscane.

La population était en 1765 de....... 871286

en 1790, fin du règne de Léopold Ier, de.. 997671

en 1799, époque du départ de Ferdinand

    III, de...................... 1096641

en 1808, fin du règne de Louis de Bour-

    bon, de...................... 1099711

en 1814, fin de la réunion à la France, de. 1140685

en 1824, à la mort de Ferdinand III, de... 1237738

en 1834, de...................... 1401336

en 1843, de...................... 1513826

Ainsi, la population a presque doublé depuis 1765.

Voici quelques autres chiffres qui se lient plus directement encore au sujet que je traite, et qui étaient difficiles à recueillir en un pays où le gouvernement ne publie aucune statistique judiciaire ; je les dois aux soins obligeants et persévérants d'un homme de mérite, M. Ubaldini Peruzzi : il les a relevés sur l'année 1834.

Le nombre des crimes contre la propriété était à celui des crimes contre les personnes comme 2 est à 1.

Les dommages obtenus par la poursuite des crimes contre la propriété étaient aux dommages dénoncés comme 1 est à 44.

Sur 7733 crimes ou délits dénoncés, 4790 ont été écartés comme dénués de toute preuve ; 2943 ont été poursuivis : c'est 38 sur 100.

La durée moyenne des procès a été de dix mois.

Le temps écoulé entre la condamnation et l'exécution de la peine présente une moyenne de deux mois et vingt-quatre jours.

Le nombre des prévenus de toute nature de crimes ou délits était à la population totale dans le rapport de 1 à 182, et, parmi eux,

Les mineurs étaient aux majeurs
comme . . . . 1 est à 15
Les célibataires, aux mariés comme 21 est à 20
Les illettrés, aux lettrés comme 37 est à 13
Les récidivistes au total des con-
damnés, comme . . . . . 1 est à 4
Les femmes, aux hommes comme 1 est à 20

Si nous comparons ces divers rapports à ceux que donne la statistique criminelle de la France pour la même année 1834, nous trouvons :

1º Qu'en Toscane (en ce pays où les condamnations à mort ont lieu dans une proportion onze fois moindre qu'en France) le chiffre des accusés de crimes ou délits est, à celui de la population, dans le même rapport qu'en notre pays ;

2º Qu'il en est de même du rapport des crimes contre les personnes aux crimes contre la propriété ;

3º Qu'il en est à peu près de même du rapport des récidivistes au total des accusés, et du rapport des accusés au-dessous de vingt-un ans, aux accusés d'un âge plus élevé ;

4º Que le nombre des illettrés coupables était comparativement plus grand en Toscane qu'en France ;

5º Qu'entre tous les accusés le nombre des célibataires est à peu près égal à celui des gens mariés, tandis qu'en France il est une fois et demie plus grand ; ce qui doit tenir à la différence des mœurs

et aux peines infamantes appliquées en France à
certains crimes auxquels les célibataires sont entraî-
nés plus que les gens mariés : la crainte de la honte
les pousse souvent chez nous à tuer leur victime;

6° Que le rapport du nombre des femmes accusées
à celui des hommes était quatre fois plus faible
qu'en France, ce qui tient encore à des mœurs différentes qui n'entraînent pas les femmes, aussi fortement en Toscane qu'en France, à échapper au
déshonneur par l'infanticide. Ce crime, fréquent en
notre pays, en dépit de la peine de mort qu'on lui
applique presque tous les ans, ce crime est
presque inconnu en Toscane où jamais condamnation à mort n'a été prononcée contre lui (1).

Ajoutons encore que le nombre des infanticides
n'a point augmenté en Toscane depuis 1834, époque des comparaisons ci-dessus entre les deux pays,
et que malheureusement il n'en est pas de même
en France. Ce crime y est devenu de plus en plus
fréquent à mesure que depuis une douzaine d'années s'est étendue dans nos départements la suppression des *tours* où de pauvres filles, pour éviter la
honte si cruellement attachée à leurs faiblesses,
pouvaient déposer secrètement leur nouveau-né.
Le mot *suppression* n'a pas été prononcé partout;
on a fait semblant, en quelques lieux, de conserver
les *tours*, et l'on a pris au même instant les mesures
nécessaires pour que personne ne puisse y déposer
un enfant sans en avoir fait la déclaration préalable

(1) Il y a eu en France, année moyenne, de 1825 à 1841,
six à sept personnes par an de condamnées à mort pour
infanticide, et sur ce nombre une de guillotinée chaque
année.

à la police. Les *tours* existent *matériellement* en ces villes, mais *moralement*, non; le mystère en a disparu; et les filles devenues mères, qui n'ont point eu le courage de leur cruelle position, se sont trouvées dans l'affreuse alternative de braver le mépris public, ou, ce qui est peut-être pire, d'aller déclarer leur honte à un agent de police, ou enfin d'exposer dans la rue, à tous les dangers, à toutes les souffrances d'une nuit entière, leur enfant nouveau-né.

Que des femmes, après ces longs et pénibles combats de leur honneur et de leur instinct de mère, se soient donné la mort ou l'aient donnée en un de ces moments de douloureux enfantement presque toujours accompagnés de quelque accès de délire, cela ne me paraît malheureusement que trop certain, et j'en trouve la preuve quant aux infanticides dans leur accroissement graduel à mesure que la suppression des tours s'est étendue de plus en plus sur la France. En voici le relevé d'après les comptes de l'administration de la justice criminelle publiés par le gouvernement :

Années :	Accusations d'infanticide devant les cours d'assises :	
1832	80	
1833	87	
1834	100	
1835	119	
1836	133	
1837	127	
1838	128	
1839	146	
1840	135	
1841	159	deux fois plus environ qu'en 1832.

Pendant ces dix années, 55 femmes sont condamnées à mort pour infanticide; deux en 1832, aucune n'est exécutée; sept en 1841, deux ont la tête tranchée. Cette année-là, 110 femmes sont condamnées pour le même crime aux travaux forcés ou à d'autres peines; 39 seulement l'avaient été en 1832.

Et que l'on ne dise pas que l'élévation graduelle des accusations est due à plus de vigilance de la part de la police, plus de sévérité de la part de la magistrature. La vigilance, la sévérité, ne s'accroissent pas ainsi, elles procèdent par brusques élans de hausse et de baisse, et nous avons en outre les données ci-après:

1° Les infanticides dénoncés et laissés *sans poursuites* par le ministère public, s'élevaient à   73 en 1832

Leur nombre s'est élevé chaque année, depuis la suppression des tours, au point d'atteindre celui de . . . . 189 en 1841

2° Les poursuites terminées par des ordonnances ou arrêts de non-lieu rendues par les chambres du conseil ou de mise en accusation, sont au nombre de 170 en 1832

Elles se sont élevées graduellement à . . . . 225 en 1841

On le voit, le nombre des faits non poursuivis s'est accru à peu près dans le même rapport que ceux renvoyés devant les cours d'assises : les poursuites n'ont pas été plus sévères; la magistrature a marché avec même sagesse, même fermeté;

l'administration seule a erré, entraînée par des motifs d'économie dont elle n'a pas aperçu les affligeantes conséquences. Que l'on y prenne garde : toute économie au dépens du malheur, du malheur quel qu'il soit, n'est que dureté et égoïsme. Il en est de ces économies-là comme de celles au dépens de l'honneur national : elles n'enrichissent pas un pays, elles le ruinent.

Les Toscans sont plus sages que nous : ils respectent les fondations de bienfaisance de leurs ancêtres ; ils n'ont point enlevé aux *tours* des hospices leurs pieux et charitables mystères ; ils n'ont point substitué le bureau du commissaire de police au confessionnal ; les filles séduites peuvent cacher leur faute à tous les regards, et reprendre un jour leurs enfants. Ceux-ci sont entourés des soins les mieux entendus, et une bienfaisante tutelle s'étend sur eux jusqu'à l'âge de 18 ans pour les garçons, et de 35 pour les filles. On donne à tous un état ; on les place à cet effet chez d'honnêtes artisans, chez de bons paysans surtout, pour être élevés avec leurs enfants moyennant un salaire qui cesse à 10 ans pour les garçons, et à 14 pour les filles ; on dote celles-ci et l'on garde et l'on soigne toute leur vie à l'hospice les individus maladifs ou infirmes des deux sexes.

L'hospice des enfants trouvés, connu à Florence sous le nom plus touchant, plus libéral, d'hospice des Innocents, fut fondé en 1421, deux siècles environ avant celui de Paris dû à la pitié éclairée de Saint-Vincent de Paul. L'hospice de Florence dote annuellement 808 filles, et la somme qu'on y emploie est de 109,255 livres. La livre toscane vaut 0,84 c. de notre monnaie.

Il existe à Florence une maison de correction où sont renfermés les jeunes gens de 18 ans et au-dessous, arrêtés pour vagabondage, et ceux que les tribunaux du grand-duché y envoient pour quelque crime que ce soit qu'ils sont toujours censés avoir commis sans discernement. Cette disposition n'est appliquée en France qu'aux enfants au-dessous de 16 ans, et cette différence d'âge est énorme si l'on considère combien l'on arrive plus vite de l'enfance à l'âge mûr en Italie qu'en France.

La détention des enfants dans la maison de correction n'est jamais de plus d'un an, sauf quelques exceptions excessivement rares.

Un quartier séparé, dans la même maison, est destiné aux prévenus de tout âge que les tribunaux ont acquittés, mais que le gouvernement croit par mesure de sûreté publique ne pas devoir rendre immédiatement à la liberté. Le maximum de cette détention facultative est d'un an.

Il y avait, en cette maison, à la fin de décembre 1842. . . . . 83 détenus.

Il y est entré dans tout le cours de 1843. . . . . 164 personnes.

Total. . . 247

Sur ces 247 détenus, il y en avait 80 ayant moins de 18 ans, et 167 de 18 à 60 ans, dont 24 mariés et 143 célibataires.

Sur 743 personnes entrées dans cette maison de 1836 à 1843, quarante-sept s'y trouvaient pour la deuxième fois.

Sur 286 détenus sortis de cette maison en 1841 et 1842, on savait en avril 1843, par les rapports

des autorités civiles et des curés, que 67 se con-
duisaient parfaitement.

J'ai parlé des détentions effectuées en cette maison sans l'intervention des tribunaux : le ministre
de la police, nommé en Toscane *presidente del
buon governo*, est investi de ce pouvoir ; les détentions qu'il prescrit ne peuvent être de plus d'un
an. Mais, à la fin de cette peine, il peut désigner
aux condamnés libérés le lieu qu'ils doivent habi-
ter et les y soumettre à certaines surveillances de
la part de l'autorité locale.

On a pu remarquer, dans tout ce que nous avons
dit plus haut, que sous les grands-ducs de Toscane
Léopold Ier, Ferdinand III, et Léopold II actuellement régnant, c'est-à-dire durant 64 ans, les
exécutions à mort, au nombre de huit seulement,
n'ont eu lieu que pour meurtres accompagnés de
circonstances aggravantes, et que les condamnés
à mort pour d'autres crimes ont tous obtenu des
commutations de peine. Il ne faudrait pas en con-
clure que les juges condamnent toujours à mort
l'atroce meurtrier et que le prince ne le gracie jamais : le souverain en a gracié plusieurs, et un jugement récent prouve jusqu'à quel point le juge
toscan évite l'application de la peine capitale.

Le 18 février 1840, le sieur Cioli, riche cor-
donnier, domicilié à Livourne, et quatre ouvriers
dont trois de la même profession que lui, tuèrent un
homme et en blessèrent trois en divers quartiers
de la ville, poussés à tous ces crimes par la soif du
sang, sans y avoir été excités par quelque substance
enivrante ou quelque pensée de vol ou de vengeance. Cette soif du sang, cette démence atroce,

2.

est admise par la jurisprudence toscane et connue des criminalistes sous les noms de *omicidio brutale*, *omicidio senza causa*, homicide brutal, homicide sans cause. La cour royale considéra ainsi l'action de Cioli et de ses compagnons de crime, et elle résuma leurs actes dans les termes suivants :

« Gli accusati si mossero tutti all'omicidio, feri-
» menti ed aggressione con precedente delibera-
» zione e concerto, senza esservi spinti da causa
» alcuna, ma per sola esecrabile sete di sangue, o,
» come dicono i pratici, *ad lasciviam*, i quali pre-
» cedenti deliberazione e concerto nacquero in essi
» pochi istanti avanti che i suddetti delitti avve-
» nissero. »

En voici la traduction aussi littérale que possible :

« Les accusés se portèrent tous à l'homicide, aux blessures et agressions après délibération et concert, sans y être poussés par aucune cause, mais par la seule et exécrable soif du sang, ou, comme disent les praticiens, par *débauche ;* lesquels concert et délibération préalables *nacquirent entre eux peu d'instants avant que les crimes ne fussent commis.* »

Ainsi, il y avait délibération préalable, mais le crime avait suivi presque aussitôt ; il n'y avait pas tout à fait ce que la loi toscane exige pour que l'homicide soit puni de mort, la mure délibération, *matura deliberazione e consiglio*, et les juges condamnèrent les *cinq meurtriers aux galères à perpétuité.*

Voici les principaux considérants de ce jugement :

« Considérant que les articles 222 de la loi du

2 août 1738, et 28 de celle du 30 août 1795, qui permettent aux juges d'avoir égard *aux circonstances atténuantes*, sont applicables au cas d'homicide sans cause commis par seule débauche (commesso a pura lascivia); considérant que l'article 13 de la loi du 30 août 1795 exige, pour l'application de la peine de mort, que l'homicide soit accompagné *de mure et précédente délibération*, et que la jurisprudence usuelle distingue de la délibération ainsi qualifiée la *simple délibération*..... La cour, vu l'atrocité du crime, sa répétition, le nombre des meurtriers et le très-grave dommage politique résultant de la juste terreur des bons citoyens et de l'alarme générale de la population tout entière; et attendu la nécessité de frapper l'homicide d'une peine perpétuelle, condamne les dénommés...... à la peine des travaux forcés à vie, et à une heure d'exposition. »

Cet arrêt sera trouvé trop indulgent par bien du monde; quelques Toscans même le blamèrent; le grand-duc actuel, qui porte si dignement le nom vénéré de son aïeul, n'en jugea pas ainsi, et il commua encore, peu de temps après, la peine de mort prononcée contre deux assassins, en celle des travaux forcés à perpétuité.

C'est qu'en Toscane, le souverain et les classes élevées de la société ont compris depuis longtemps que ce n'est pas la crainte de l'échafaud qui éloigne les hommes de l'assassinat, mais l'horreur du meurtre de son semblable, horreur naturelle à tous les animaux de la création non viciés par la faim, la rage, la mauvaise éducation, les déplorables exemples (1) ; que la preuve en était dans la fréquence des vols, bien plus grande que celle des assassinats partout où la peine de mort a été appliquée également à l'un et à l'autre crime (2) ; qu'ainsi, il fallait se garder soigneusement d'affaiblir l'horreur du meurtre que Dieu a mis dans toutes les âmes ; car cette horreur est la plus sûre garantie, et l'on peut dire même la seule efficace contre l'assassinat. N'élevons donc point d'échafaud, disent tous les Toscans doués de quelque instruction ; car, à ces horribles scènes, les cœurs s'endurcissent, et à l'horreur instinctive du meurtre succède forcément peu à peu, par la force d'imitation si puissante sur l'espèce humaine, l'horrible envie de verser le sang (3).

(1) Les combats des animaux avec leurs semblables ne sont presque jamais mortels ; le vaincu s'éloigne et n'est jamais poursuivi à outrance par le vainqueur.

(2) En Angleterre, où la peine de mort n'est plus appliquée, depuis 1832, à la fausse monnaie, au vol de chevaux et de moutons, au vol domestique, au vol avec effraction, etc., ces crimes sont devenus plus rares et les condamnations plus nombreuses. La juste et sage répugnance des jurés, d'appliquer la peine de mort, donnait précédemment aux coupables de grandes chances d'impunité, chances que les criminels, en tous pays, calculent et connaissent mieux que les plus grands légistes.

(3) Cela est si vrai, que cette année encore, au mois d'août, un charpentier, nommé Charles Westerlund, bon et honnête homme jusqu'alors, a tué d'un coup de hache un de ses amis avec lequel il s'éloignait du lieu où tous les deux venaient de voir trancher la tête d'un assassin par la main du bourreau. Westerlund a déclaré, devant le magistrat, avoir été entraîné par une force irrésistible à faire ce qu'il venait

C'est, d'après ces réflexions pleines de sagesse, que les condamnations à mort ne peuvent être prononcées en Toscane, ainsi que je l'ai déjà dit, qu'à l'unanimité des juges, unanimité qui ne se rencontre que fort rarement. Je sais bien que ces juges, par leur dépendance du souverain et la continuité de leurs fonctions, ne présentent pas, pour les affaires politiques surtout, la même garantie qu'un jury loyalement composé pour chaque affaire par la voie impartiale du sort, et passé à la filière de récusations protectrices (1); mais, chez nous, la sincérité du tirage n'a jamais été suffisamment assurée, et les crimes et délits politiques ont été plus d'une fois enlevés au jury ; enfin, la condamnation à mort, loin de ne pouvoir être prononcée qu'à l'unanimité,

de voir faire sur l'échafaud. (Journal *la Patrie* du 22 août 1843.)

Cette force d'imitation, en toute chose, est si puissante sur l'homme, que partout où un suicide a lieu, il est suivi à l'instant d'autres suicides n'ayant d'autre cause que la contagion du premier.

(1) Les jurés, par leur indépendance, leurs professions diverses, leur contact de tous les instants avec toutes les classes de la société, offrent le spectacle du jugement d'un citoyen par ses égaux, alors que le jugement rendu par des juges royaux révocables à volonté n'est que trop souvent le jugement d'un sujet par son prince, et, en plus d'un pays, d'un esclave par son maître. Ce qu'il faut à la Toscane pour perfectionner sa législation criminelle, rendue déjà fort douce par la sage et paternelle autorité de ses grands-ducs, c'est l'institution du jury. Ce qu'il nous faut, ce qu'il faut à tous les peuples, c'est l'abolition de la peine de mort, pour qu'aucun crime ne soit impuni et aucune condamnation irrévocable.

comme en Toscane et en Angleterre, l'est chez nous, depuis la loi du 9 septembre 1835, à la simple majorité de sept voix contre cinq. Ainsi, alors qu'en Toscane ce n'est que sur 128 condamnations, d'après les calculs du célèbre Laplace (1), et en Angleterre, sur 8192 qu'un innocent peut être livré au bourreau, c'est sur trois à quatre jugements que peut être commise en France une de ces affreuses erreurs qu'aucune puissance sur la terre n'a le pouvoir de réparer.

(1) Des formules plus récentes, des observations plus nombreuses, présentent, comme nous le dirons plus bas, des différences bien plus grandes encore entre les chances d'erreur des jugements à mort en ces trois pays.

CHAPITRE II.

De la probabilité mathématique des jugements.

————— • —————

La plupart des légistes parlent avec dédain des chiffres que donne la théorie des probabilités ; ces chiffres ne sont cependant que le résultat de calculs rigoureux, inattaquables, qui ne peuvent amener à de fausses applications qu'autant que les données sur lesquelles ils sont basés seraient fausses ou insuffisantes. Or, ces données ne sont autres que celles-là mêmes qui, recueillies dans les archives de la justice, portent les législateurs à rendre telle ou telle loi ; la différence entre les mathématiciens et eux, c'est que, partant des mêmes données, exactes ou inexactes, les mathématiciens en déduisent les conséquences rigoureuses, tandis que les législateurs, d'ordinaire plus jurisconsultes que géomètres, ne peuvent les entrevoir qu'à peu près, et le plus souvent fort mal, ainsi que nous en avons la preuve assez récente dans la discussion de la loi du 9 septembre 1835, qui, en réduisant à sept au lieu de huit sur douze le nombre de voix nécessaires pour un verdict de culpabilité, a rendu les chances d'erreur du jury, non pas seu-

lement deux fois plus grandes, ce qu'indiquaient
les formules de Laplace, les plus parfaites alors,
et ce que repoussaient, comme fort exagéré, les
orateurs du gouvernement, mais *quinze fois plus
grandes* d'après les calculs faits depuis 1837, calculs basés, non plus sur une hypothèse, ainsi que
Laplace y avait été forcé (1), mais sur les publica-
tions officielles des comptes généraux de la justice
criminelle, de 1825 jusqu'en 1840, inclusivement.

Que de faux raisonnements de la part des ministres et de leurs orateurs dans les deux Chambres durant cette discussion ! Opposait-on à leur
croyance en l'infaillibilité des jugements de condamnations 2678 jugements de police correction-
nelle réformés en appel dans la seule année 1833,
et, dans un même espace de temps, six fausses condamnations au criminel dans le ressort d'une seule
cour royale? Rappelait-on à leur mémoire de récentes et contradictoires condamnations à mort (2)?

(1) Les chiffres du célèbre Laplace n'étaient que les conséquences rigoureuses d'une hypothèse aussi habile que
pouvait le permettre l'absence de toute donnée positive,
aucune statistique criminelle n'ayant alors encore été
publiée par le gouvernement, qui seul en avait le moyen.
Les calculs publiés par M. Poisson en 1837, par M. Cournot
en 1838 et 1843, sont basés sur des faits matériels, des faits
accomplis; et à mesure que les faits seront plus nombreux,
les calculs des mathématiciens iront s'approchant toujours
de plus en plus de la réalité.

(2) On leur cita (entre autres faits bien connus) une femme
récemment condamnée à mort, à l'unanimité, par la Cour
d'assises de Paris, et acquittée à l'unanimité par la Cour
d'assises de Versailles. — Le sieur Desaux, condamné à
mort par les jurés et les juges, et peu de temps après déclaré

Ils ne répondaient à aucun fait, à aucune objection, désavouaient leurs propres écrits, ceux du chef de la magistrature, distribués aux deux chambres un mois auparavant, sur les résultats favorables de l'administration de la justice criminelle depuis la révolution de juillet, et s'entêtaient à répéter que

non coupable par la Cour d'assises de Riom, etc., etc. Enfin, au moment où le ministre de la justice répétait pour la deuxième fois que « s'il croyait qu'il pût y avoir un » *innocent sur dix mille condamnés*, il se hâterait de » descendre de la tribune et d'abandonner le projet de loi ; » mais que dans l'état de notre législation et de nos mœurs, » *il était impossible qu'il y eût un innocent de con-* » *damné...* » Un député, qui fut un jour aussi ministre de la justice, M. Vivien, lui dit de sa place : Et Gillard ? — Gillard avait été tout récemment condamné à mort par 10 voix contre 2, et le ministre qui était à la tribune, où il affirmait que pas un innocent, *un seul innocent*, n'avait été condamné, se rappela aussitôt ce jour, certes l'un des plus beaux de sa vie, où il reconnut l'innocence de Gillard : *J'ai couru chez le roi*, répondit-il à M. Vivien, *et je l'ai fait gracier*. Ses entraînements de tribune le lui avaient fait oublier; ils lui firent oublier les noms de bien d'autres personnes dont l'innocence avait été reconnue trop tard. La majorité des deux chambres l'oublia aussi. Un crime affreux, exécrable, celui de l'infâme Fieschi, venait d'indigner, d'affliger profondément la France entière, et, en révoltant tous les cœurs, avait jeté l'effroi dans un grand nombre. En une telle disposition d'esprit, on méconnaît le bienfait des lois sous lesquelles on vit, on calomnie le présent, on gâte l'avenir. La police seule avait été inhabile; on rejeta sa faute sur le jury, sur la magistrature, sur le Code, et une mauvaise loi, une loi de mort à la simple majorité, vint effrayer les bons citoyens, alors qu'on laissait à Fieschi, à ses pareils, la garantie des 5/8 des suffrages de leurs juges.

les jurés ne condamnaient, à quelque majorité que ce fût, que lorsqu'ils avaient la *certitude* de la culpabilité ; oubliant, involontairement sans doute, que les jugements des hommes ne sont jamais que des probabilités plus ou moins grandes, et que d'ailleurs, par une autre aberration d'esprit, ils maintenaient dans le Code et rappelaient aux jurés la défense de *considérer les suites que pourrait avoir leur déclaration par rapport à l'accusé*, et contribuaient par là, autant qu'il dépendait d'eux, à les priver d'un élément de conviction ; fautes bien graves, que n'auraient pas faites des mathématiciens : ils savent que la gravité de la peine atténue la probabilité du délit, et que c'est de la réunion de toutes les probabilités que la conviction se forme (1).

Les légistes qui repoussent, faute de les bien

_____

(1) Que les jurés n'oublient jamais, en dépit de l'article 342 du Code d'instruction criminelle, de s'enquérir de la peine applicable au crime qu'ils ont à constater ; ils le doivent, puisque *la nature de la peine modifie la probabilité de l'événement.* Celle-ci croît quand l'autre diminue. Qu'un seul témoin, par exemple, affirme qu'il vous a vu à une cérémonie publique, le chapeau sur la tête, malgré la loi qui le défend ; moi, juré, je le croirai sans peine si la punition que vous avez bravée est une amende légère ou un jour de prison ; mais si la peine est ruineuse pour vous, et à plus forte raison, si elle emporte la mort, cinquante témoins affirmeraient le même fait, que j'aurais de la peine à croire que vous vous en êtes rendu coupable. Cette opinion, que j'ai toujours fait prévaloir dans les jurys dont j'ai fait partie, était celle de notre célèbre Laplace : « *La preuve du délit de l'accusé,* dit-il dans son Essai philosophique sur les probabilités, *dépend encore de la grandeur de la peine appliquée au délit.*

comprendre, les calculs des mathématiciens, ne pourront jamais, quelle que soit leur haute capacité, obtenir par de simples tâtonnements sur des données quelconques, ce que les mathématiciens obtiennent des mêmes données ; et, quant aux hommes politiques qui ont à voter sur une loi de justice criminelle, ils ne savent d'ordinaire qu'une chose, c'est qu'ils vont rendre le tribunal plus ou moins redoutable. Mais de combien et dans quelle limite, le plus grand nombre l'ignore, et ceux qui le savent veulent, fort souvent, le laisser ignorer.

Les mathématiciens ont dit : Si l'on suppose à notre âme, émanation de Dieu, une intelligence égale à la sienne, et que l'on représente par l'unité cette intelligence démêlant toujours la vérité de l'erreur et l'appliquant à tous ses jugements ; et que, par zéro, on exprime dans une âme abrutie, inerte, non pas seulement l'absence de toute intelligence, mais la valeur des jugements que porteraient les hommes le jour où, frappés d'un funeste vertige, ils verraient constamment l'erreur là où serait la vérité, et la vérité où serait l'erreur, 1 et 0 seront les limites extrêmes où l'esprit humain ne pourra jamais s'élever ni descendre. C'est entre elles que tombent les jugements des hommes. Exprime-t-on par $\frac{1}{2}$ leur intelligence, c'est dire qu'ils ne cessent d'être constamment dans le doute le plus complet, quelles que soient les questions soumises à leurs jugements. Place-t-on leur intelligence entre $\frac{1}{2}$ et 1, c'est lui reconnaître plus de disposition à la vérité qu'à l'erreur. La met-on entre $\frac{1}{2}$ et 0, c'est dire qu'elle est plus sujette à se tromper qu'à bien voir, et bien que de ces esprits faux le nombre ne soit pas si petit sur les listes du jury, et même parmi les juges, que nous ne dussions en tenir compte, nous ne le ferons pas; nous supposerons toujours à tous un esprit plus ou moins juste, et placerons en conséquence leur bien jugé entre $\frac{1}{2}$ et 1.

Voilà ce que disent avec raison les mathématiciens.

Ils nous avertissent encore que, pour les hommes même dont la capacité, à bien juger, est très-supérieure à un demi, il est une grave cause d'erreur impossible à éviter, impossible à apprécier et à introduire dans leurs formules; c'est l'accumulation de causes fatales, venant toutes, sans être atténuées par aucune autre, accuser l'innocent et le transformer en coupable aux yeux de l'universalité des citoyens les mieux intentionnés et des juges les plus consciencieux et les plus habiles (1). Oh !

(1) Témoin la condamnation à mort du médecin Lesurques, objet de plusieurs messages du Directoire au Corps législatif en octobre 1796, pour obtenir l'autorisation de faire surseoir à l'exécution, et le refus unanime de l'assemblée sur le rapport de sa commission, rapport rédigé et prononcé par Siméon, cet homme humain, ce grand et intègre jurisconsulte.

Témoin les jugements successifs de trois cours d'assises qui, à Valence, en 1819, acquittèrent les assassins du sieur Negret, et condamnèrent à mort le sieur Blanc, celui de tous les accusés qui n'était coupable que d'avoir aidé à cacher le meurtre qu'il avait vivement reproché aux coupables, et dont il avait voulu seulement éviter à sa criminelle nièce, à ses parents, à ses amis, le châtiment mérité.

Témoin, la jeune Jeanne Decour, pauvre innocente

alors, la chance du bien jugé s'abaisse jusqu'à zéro.

C'est donc bien à tort que la plupart des gouvernements aperçoivent ou font semblant de voir de l'exagération dans l'appréciation mathématique des chances d'erreur des tribunaux criminels. Les géomètres, au contraire, nous venons de le prouver, les atténuent toujours, les atténuent forcément; ils vous l'ont dit, ils vous en ont averti (1).

Mais à quel rang, depuis $\frac{1}{2}$ jusqu'à 1, ont-ils placé ce bien jugé de chaque juré?

Les uns, et le célèbre Laplace est du nombre, ne lui assignent aucun rang déterminé, et se bornent à supposer parmi les jurés toutes les nuances imaginables d'intelligence depuis $\frac{1}{2}$ jusqu'à 1, c'est-à-dire depuis celle qui ne saurait jamais distinguer l'erreur de la vérité, jusqu'à celle qui ne pourrait jamais les confondre.

condamnée à mort en 1816, à la simple majorité par les jurés, à l'unanimité par les cinq juges.

Témoin enfin tant d'autres infortunés dont il serait trop long de rappeler ici la condamnation inévitable, affreuse, imméritée.

(1) « L'expérience, dit le célèbre Laplace, n'a que trop » fait connaître les erreurs dont les jugements criminels, » *ceux même qui paraissent être les plus justes*, sont encore » susceptibles. » (*Essai philosophique sur les probabilités*, page 152.)

« Il n'est malheureusement pas impossible, dit M. Cour- » not, que pour quelques accusés innocents la chance d'un » vote de condamnation tombe au-dessus de $\frac{1}{2}$ et soit » même très-voisine de l'unité (c'est-à-dire de la certitude). » Le calcul appliqué à la statistique judiciaire n'a aucun » moyen d'atteindre cette éventualité et d'en assigner la » chance. » (*Théorie des chances*, page 406.)

Les autres, tels que MM. Poisson, Cournot, etc.,
etc., ont exprimé par des équations la valeur des
diverses combinaisons résultant de l'assentiment
unanime des juges et de leurs désaccords à toutes
les majorités possibles, et ensuite, au moyen des
chiffres que donnent les faits accomplis pendant
un certain nombre d'années, tels, par exemple, que
les divers rapports du nombre des accusés à ceux
des condamnés et des acquittés à telle ou telle majorité, ils ont déduit de leurs équations la valeur
du bien jugé individuel en fraction de l'unité ou
certitude.

C'est de la sorte que MM. Poisson et Cournot,
en compulsant avec une rare sagacité les comptes
rendus de l'administration de la justice en France
pour les années 1826, 27, 28, 29 et 30, et en sépa-
rant les affaires civiles des affaires criminelles, et
distinguant encore, entre ces dernières, les crimes
contre les propriétés des crimes contre les personnes, ont trouvé, pour la valeur moyenne du
bien jugé individuel des jurés dans les cas de crimes contre les personnes, 0,678 ou environ $\frac{2}{3}$ (1).
Ce bien jugé s'est élevé à 0,796, presque $\frac{4}{5}$ depuis
1832, époque de l'admission des circonstances
atténuantes dans la déclaration du jury; déclaration qui n'est point une excuse du crime, comme
quelques esprits irréfléchis le répètent sans cesse,
mais un moyen de descendre de un ou deux degrés

(1) Poisson, *Recherches sur la probabilité des jugements*,
publiées en 1837. — (Pag. 385.)
Cournot, pag. 74 de son premier travail publié en 1838
dans le *Journal de mathématiques* de M. Liouville.

sa pénalité et d'échapper à la fâcheuse alternative de laisser le crime impuni ou de lui faire appliquer des peines que l'humanité et le bon sens public réprouvent. La précieuse innovation des circonstances atténuantes a rendu aux jurés toute la latitude de leur intelligence, et de cela nous avons la preuve incontestable, la preuve matérielle, puisque le calcul des probabilités, appliqué aux faits que présentent les comptes rendus de l'administration de la justice criminelle, depuis la promulgation de la loi du 28 avril 1832, montrent l'erreur des verdicts à la simple majorité s'abaissant de $\frac{1}{8}$ à $\frac{1}{17}$ et celle de l'unanimité descendant de $\frac{1}{4097}$ à $\frac{1}{16777217}$.

Cette amélioration, si grande qu'elle fût, laissait encore de grandes chances d'erreur, car cette chance, dans les verdicts de condamnation rendus par huit voix contre quatre, majorité minimum exigée depuis l'année précédente, était de $\frac{1}{257}$, ou d'un innocent sur deux cent cinquante-sept condamnés. La loi du 9 septembre 1835, en abaissant la majorité à sept contre cinq, a rendu cette terrible chance quinze fois plus grande, et même, dans quelques cas particuliers, cinquante fois plus. Dix-sept de nos verdicts à la simple majorité condamnent un innocent (1), alors qu'il faut en Angleterre plus de cent soixante-sept millions de verdicts, et en Toscane quatre mille quatre-vingt-

_____

(1) Il ne faut pas entendre par là que sur dix-sept condamnés il y aura toujours un innocent; on veut dire seulement que sur un grand nombre de jugements de condamtion rendus à la simple majorité, il y en aura un de faux sur dix-sept.

dix-sept arrêts de mort pour commettre une de ces affreuses erreurs que rien ne peut réparer.

Et remarquez bien que les condamnations à sept voix contre cinq ne sont pas aussi peu nombreuses que le disent les auteurs et les partisans de cet abaissement de la majorité ; les comptes de l'administration de la justice des années 1836, 37, 38, 39 et 40 portent à 1023 le nombre des personnes ainsi condamnées pendant cette période. Celui des personnes condamnées à cette majorité pour crimes contre les personnes s'élevait à 347, et celui des personnes condamnées pour les mêmes crimes à une majorité plus élevée était de 5636, alors que pour les crimes contre les propriétés (et c'est fort à remarquer encore) il n'y eut que 676 condamnés à la simple majorité sur 19457. Ainsi, proportion gardée, plus de condamnations à sept contre cinq pour les crimes envers les personnes que pour les crimes envers les propriétés ; une sur vingt-huit pour ceux-ci, une sur dix-sept pour les premiers. C'est que, lorsqu'il s'agit de crimes contre les propriétés, les convictions se forment plus facilement, et que les majorités qui condamnent sont d'ordinaire fort élevées ; tandis que, pour les crimes contre les personnes, les jurés hésitent davantage, les majorités sont moins élevées, et cependant c'est à ces majorités moins fortes, plus nombreuses, et même à la plus faible de toutes, que la peine de mort peut être appliquée !

Veut-on, ne restreignant pas la comparaison des condamnations à mort en Angleterre et en Toscane avec celles que prononcent nos jurés à sept voix contre cinq, l'étendre à tous nos verdicts de condamnation *à une majorité quelconque, y compris l'unanimité*, l'erreur chez nous est encore de 1 sur 256 (1).

Un homme dont l'immense savoir, la prodigieuse capacité, le génie, est à jamais célèbre, l'illustre Laplace, demandait, sous l'Empire et la Restauration, que la majorité nécessaire pour condamner fût réglée de manière à ce que l'accusé, devant toute espèce de tribunal criminel, se trouvât toujours dans la même position que s'il eût comparu devant un jury de neuf membres prononçant ses verdicts *à l'unanimité*; « *ce qui me paraît*, ajoute-t-il, *garantir l'innocence de l'erreur des tribunaux et la société des maux que produirait l'impunité.* »
L'erreur d'un tel jury serait de $\frac{1}{262145}$; celle de $\frac{1}{256}$ de notre jury actuel à toute majorité est, on le voit, *mille fois plus grande*, et si on la compare à l'unanimité du jury anglais et du tribunal toscan (2), on

(1) Avant la loi de 1831, qui éleva, à huit voix contre quatre la majorité nécessaire pour condamner, l'erreur, à toute majorité, était de $\frac{1}{15}$ dans les cas de crimes contre les personnes, et en ne tenant point compte de l'intervention des juges ; elle fut ensuite de $\frac{1}{53}$ jusqu'à l'admission des circonstances atténuantes, et de $\frac{1}{1720}$ depuis leur admission jusqu'en septembre 1835, où une loi d'effroi et de colère, mauvaise loi qui pèse encore sur la France, l'a élevée à $\frac{1}{256}$.

(2) Il s'est trouvé des gens assez aveugles ou assez passionnés pour méconnaître tout ce que renferme de plus sage, de plus juste et de plus rassurant que tout autre mode, le principe de l'unanimité dans les condamnations à mort. La

3

trouve qu'elle est soixante-huit mille fois plus à
redouter que l'une, et seize fois plus que l'autre ; en
supposant toujours le bien jugé individuel égal
pour tous et égal à $\frac{4}{5}$, ce qui probablement n'est
pas, mais que je puis admettre ici puisque je n'en-
tends point donner la valeur absolue de l'erreur

majorité qui condamne, ont-ils dit, contraint souvent la
minorité qui absout à se ranger, de guerre lasse, à son
avis. A une telle accusation, M. Hennequin répondit à la
tribune des députés par ces sages et nobles paroles :

« Permettez-moi, dit-il à ses collègues, de demander à
» M. le garde des sceaux et à M. le rapporteur où ils ont
» trouvé les documents qui les ont portés à accuser le jury
» d'Angleterre et des Etats-Unis de la plus inconcevable ou
» pour mieux dire, de la plus odieuse des transactions....

» Comment ! la minorité convaincue de l'innocence de
» l'accusé, et qui trouve dans la loi du pays le droit d'en-
» traver indéfiniment la délibération, consentirait à se ral-
» lier, contre sa conscience, à la condamnation de celui
» dont elle a reconnu l'innocence ! Cette minorité, qui peut
» tout arrêter, accepterait la responsabilité d'une condam-
» nation qui n'est que l'erreur de la majorité, puisqu'elle
» croit à la culpabilité, mais qui devient le crime de la
» minorité, puisqu'elle croit à l'innocence? Il n'y a pas un
» document qui puisse autoriser une pareille supposition. »

L'unanimité! mais ce serait presque la certitude si le
jury était sincèrement composé ; aussi ces jugements-là
ont-ils toujours, presque toujours, la sanction univer-
selle. Tout le monde croit, tout le monde se dit qu'on
aurait doublé, triplé le nombre des juges, qu'ils auraient
tous jugé comme les premiers. Un tel mode a enfin l'avantage de rendre impossible le secret du vote de chaque
juge ; quel que soit leur verdict, tous ont voté de même.
Aucun mensonge ne peut cacher une faiblesse, une lâcheté.

d'une condamnation, mais seulement le rapport de son erreur à celle d'une autre condamnation par les mêmes jurés à une majorité différente. N'oublions pas, enfin, n'oublions jamais que cette évaluation moyenne du bien jugé individuel ne s'est élevée si haut, comparativement à ses valeurs précédentes, que par la salutaire introduction des circonstances atténuantes qui, en permettant aux jurés d'écarter la peine de mort, les enlève à l'alternative de laisser le meurtre impuni ou d'en faire commettre un par le bourreau. Leur bien jugé s'est considérablement accru (les comptes de l'administration de la justice le prouvent) du moment où ils ont pu, en versant moins de sang, sévir contre plus de coupables, les retrancher de la société presque aussi complétement que par la mort, et avec d'immenses avantages pour l'humanité, la justice, la morale publique.

On prétendra peut-être, contre l'évidence, le bon sens et l'expérience, que c'est au vote secret qu'il faut attribuer une partie de l'élévation du bien jugé des jurés (1).

Oh ! cela n'est pas. Il n'y a que des lâches, et ils sont rares en France, qui auraient pu profiter de cette disposition pour se renfermer dans un mutisme complet. La discussion n'a pas cessé, Dieu merci, dans la chambre des délibérations ; faite à

(1) Aux inconvénients graves, à l'immoralité, qui résultent du vote secret des jurés, se joint parfois une absurdité matérielle que nous mettrons sous la forme ci-après, pour la rendre sensible au premier coup d'œil.

Deux individus, que nous nommerons Antoine et Philippe,

huis clos, loin des distractions de l'audience et des assauts de mensonges et d'amour-propre de l'ac-

sont accusés d'avoir commis un crime, et les questions ont été posées aux jurés et résolues par eux ainsi qu'il suit :

1re QUESTION.

ANTOINE EST-IL COUPABLE DU CRIME ?

Deux jurés écrivent sur leurs bulletins . . . oui.
Cinq autres écrivent également . . . . . . oui.
Cinq écrivent. . . . . non.

Antoine est donc déclaré coupable à la majorité de sept contre cinq.

2e QUESTION.

PHILIPPE EST-IL COUPABLE DU CRIME?

Les deux premiers jurés écrivent. . . . . . oui.
Les cinq suivants. . . . . non.
Les cinq derniers. . . . . , . . oui.

Philippe est déclaré coupable à la majorité de sept contre cinq.

3e QUESTION.

LE CRIME A-T-IL ÉTÉ COMMIS PAR PLUSIEURS PERSONNES?

En conséquence de leurs précédents votes,
Les deux premiers jurés écriront. . . . . . oui.
Les cinq suivants. . . . . non.
Les cinq derniers. . . . . non.

La déclaration négative est rendue forcément à la majorité de dix contre deux.

Ainsi, sans contradiction aucune dans les votes individuels des jurés, il résulte du dépouillement des trois scrutins, que les deux accusés sont, à la majorité de sept contre cinq, coupables du même crime, et que cependant, à la cusateur public et du défenseur, elle a continué et continuera, en dépit de la loi de 1835, à jeter les plus grandes lueurs sur le degré de culpabilité ou de non-culpabilité de l'accusé.

J'ai pris part à de ces graves et solennelles discussions, et je me souviens qu'un jour où les jurés s'étaient, sur toutes les questions, prononcés à huit voix contre quatre pour la non-culpabilité, un juré, avant la clôture de la délibération, motiva tellement son vote, montra si bien la culpabilité de l'accusé et le moyen d'éviter à la fois, et l'impunité et une punition évidemment trop grande aux yeux du plus grand nombre, que tout le monde demanda à aller de nouveau aux voix, et qu'il en résulta un verdict bien plus juste, bien plus avantageux à la société, que celui qui avait été au moment d'être adopté.

majorité de dix contre deux, ce crime n'a pas été commis par plusieurs.

Cette combinaison n'est pas la seule qui conduise *nécessairement* à une semblable absurdité; il en est un grand nombre d'autres.

L'absurdité n'a pas sa cause ici dans l'abaissement à sept contre cinq de la majorité nécessaire pour condamner, mais dans le *vote secret*; car il peut arriver que les deux accusés soient condamnés, pour le même crime, à des majorités plus élevées; à celle, par exemple, de huit contre quatre, et que, à la même majorité de huit contre quatre, les mêmes jurés déclarent que le crime n'a pas été commis par plusieurs personnes. Sans le vote secret, les jurés ne seraient pas obligés de venir faire connaître, en plein tribunal, l'incohérence de leurs déclarations; ils reprendraient immédiatement l'examen de l'affaire dans tous ses détails et sous toutes ses faces, et finiraient par arriver à une solution meilleure.

Une autre fois, c'était à Vannes, et nous avions à répondre à ces trois questions :

L'accusé est-il coupable de vol?

Le vol a-t-il été commis de nuit?

Le vol a-t-il été commis à l'aide d'escalade?

Dix jurés contre deux répondirent affirmativement aux trois questions; mais avant de clore le procès-verbal, l'un de nous développa avec plus de force qu'il n'avait fait d'abord, les motifs qui l'avaient engagé à répondre *oui* sur la première question, *non* sur les deux autres, et toutes les personnes qui avaient répondu oui aux trois questions revinrent sur leur premier vote; il y eut à l'unanimité, *oui* sur la première question, *non* sur les deux autres.

L'accusé avait cependant avoué, tout tremblant de repentir, le vol et l'escalade nocturne ; mais devions-nous ajouter une foi entière à ses aveux ? ses souvenirs ne pouvaient-ils pas le tromper sur l'heure plus ou moins rapprochée du lever ou du coucher du soleil? n'avait-on pas pu qualifier d'escalade son passage à travers quelque clôture à demi renversée? Le vol consistait, s'il m'en souvient, en quelques rayons de miel : le malheureux, à qui la misère l'avait peut-être fait commettre, n'alla pas aux galères : quelques mois de prison furent prononcés contre lui.

Nos jurés, malgré l'erreur et les recommandations de quelques personnes, dont la sévérité outrée tient à un vice de cœur ou de raisonnement, et n'est même le plus souvent qu'une peur déguisée : peur d'être volé, peur d'être assassiné, nos jurés, dis-je, continueront de s'enquérir de la peine attachée au

crime dénoncé, et discuteront, avant d'aller aux
voix, tous les degrés de culpabilité de l'accusé, toutes les chances d'erreur des dépositions des témoins
et de ses propres aveux, et ils ne le déclareront
jamais coupable à la simple majorité, sans y ajouter la déclaration des circonstances atténuantes ;
car, certes, c'est une circonstance bien grave
que *cette seule voix* qui, en s'unissant aux six qui
condamnaient au lieu de s'unir aux cinq qui absol-
vaient, *a résolu toute seule* ce qui était encore si
douteux !

On me dira peut-être qu'un puissant palliatif au
danger que présentent les jugements rendus à la
simple majorité, est cette faculté accordée par la
même loi aux trois juges de la cour d'assises, de
renvoyer l'affaire devant un autre jury. Cela est
vrai ; mais si devant le second jury un même verdict est prononcé, l'accusé est condamné ; or, quel
est le bien jugé d'une telle condamnation ?

La probabilité du bien jugé des premiers jurés
qui ont rendu un verdict de culpabilité à la simple
majorité, est. . . . . $\dfrac{16}{17}$

La probabilité du bien jugé des
trois juges, qui, trouvant à l'unanimité l'accusé non condamnable, le
renvoient devant un autre jury, est $\dfrac{64}{65}$

Et deux cas se présentent :

1° Les jurés se trompent, et les juges ne se
trompent pas, et l'on a pour la probabilité de cette
combinaison. . . . . $\dfrac{1}{17}\times\dfrac{64}{65}$

2° Les jurés ne se trompent pas, et les juges

se trompent ; la probabilité qu'il en sera ainsi

est. . . . . $\frac{16}{17} \times \frac{1}{65}$

La probabilité de la bonté de l'opinion des trois juges est la chance qui lui est favorable, c'est-à-dire la probabilité de la première combinaison, divisée par la somme de toutes deux, ou

$$\frac{\dfrac{1}{17} \times \dfrac{64}{65}}{\left(\dfrac{1}{17} \times \dfrac{64}{65}\right) + \left(\dfrac{16}{17} \times \dfrac{1}{65}\right)} = \frac{4}{5}$$

C'est la probabilité de la non-culpabilité de l'accusé. Sur cinq personnes dans la même position que lui, il y en aurait donc quatre d'innocentes et une seule de coupable. C'est avec cette chance d'innocence que l'accusé comparaît devant de **nouveaux jurés**, et si ceux-ci le déclarent coupable à la simple majorité, les juges sont forcés d'appliquer la peine, et cette peine peut être la peine de mort !

Mais quelle est donc la probabilité du bien jugé de ce verdict?

Deux cas se présentent encore :

1° Le premier jugement (1) est bon, et le second (2) mauvais, ce qui donne $\quad \frac{4}{5} \times \frac{1}{17}$

2° Le premier jugement est mauvais, et le second est bon, cela donne. . . . . $\frac{1}{5} \times \frac{16}{17}$

---

(1) J'appelle ainsi l'avis favorable à l'accusé, des huit personnes (cinq jurés et trois juges) de la première cour d'assises, contre sept jurés.

(2) J'appelle ainsi le verdict de culpabilité des jurés de la deuxième cour d'assises.

La probabilité de la bonté du deuxième jugement est donc

$$\frac{\frac{1}{5}\times\frac{16}{17}}{\left(\frac{1}{5}\times\frac{16}{17}\right)+\left(\frac{4}{5}\times\frac{1}{17}\right)}=\frac{4}{5}$$

C'est la même fraction, mais de signification inverse, que devant la première cour d'assises ; la probabilité de l'innocence de l'accusé y avait été de $\frac{4}{5}$, et c'est la même fraction maintenant qui exprime sa culpabilité. Le second verdict, cependant, est irrévocable ; les juges sont obligés de condamner !

Oui, si les douze jurés et les trois juges de la première cour d'assises eussent eu le droit de décider en commun du sort de l'accusé, ils l'eussent acquitté à la majorité d'une voix, et c'est à la même majorité d'une voix qu'on fera tomber sa tête sur l'échafaud !!

L'intervention des cinq juges dans les jugements des cours d'assises, telle qu'elle avait été réglée par la loi du 24 mai 1821, présentait bien plus de garanties à l'innocence, que votre loi de 1835 ; la majorité d'une seule voix pour la condamnation, loin d'entraîner la mort de l'accusé, le faisait mettre immédiatement en liberté, et cet acquittement avait lieu toutes les fois que trois juges ou plus, sur cinq, se joignaient aux cinq jurés qui acquittaient (1). La minorité avait, pour absoudre, une puissance, une prérogative, que vous avez arra-

---

(1) La loi du 5 mars 1831, peu après la révolution de juillet, supprima l'intervention des juges dans les déclarations de culpabilité des cours d'assises, et éleva à huit le

chée des ses mains pour la donner dans la même
proportion à la majorité qui condamne ; vous avez
dépassé dans votre frayeur les dispositions les plus
sévères des anciennes ordonnances des rois de
France, depuis 1535 (1). Celle de 1670 exigeait que

minimum du nombre de voix des jurés, nécessaires pour la
condamnation. — La probabilité de l'erreur d'un tel verdict,
depuis l'admission des circonstances atténuantes , est $\frac{1}{257}$;
un innocent sur 257 condamnés était donc la plus grande
chance d'erreur ; tandis que la loi de 1821 , avec le même
bienfait des circonstances atténuantes , eût présenté le
danger de $\frac{1}{65}$ ou d'un innocent sur 65 condamnés. La loi
de 1831 était quatre fois plus rassurante, plus équitable ,
que celle de 1821 ; la loi du 9 septembre 1835 l'est cinquante-
une fois moins que celle des premiers temps de la révolution
de juillet , et treize fois moins que celle de la Restauration.
La Restauration, se sont dit des gens bien aveugles sur leurs
propres intérêts, la Restauration est tombée pour n'avoir
pas eu des lois pénales plus sévères, des colléges électoraux
plus dépendants , des chambres plus faciles, et cet aveu-
glement nous a donné la loi de 1835, et plusieurs autres
encore.

(1) « Jamais, a dit à la tribune des députés un de nos plus
» grands jurisconsultes, jamais, dans aucun temps, la
» majorité simple n'a suffi à la condamnation...... On
» veut nous engager dans une voie nouvelle dans laquelle
» la législation n'a jamais marché ; on nous appelle à une
» épreuve! A une épreuve dans une matière où il s'agit
» de la vie des hommes! A un essai pendant lequel des
» hommes qui ne devaient pas mourir monteront sur
» l'échafaud ! ! »

(Hennequin , séance du 14 août 1835 ,
Moniteur du 15.)

les jugements de condamnation fussent rendus à deux voix au moins de majorité ; et comme les juges étaient en nombre impair, la moindre majorité l'emportait nécessairement toujours de trois voix sur la minorité, quel que fût le nombre impair des juges ; une telle combinaison présenterait une erreur de $\frac{1}{65}$. Et aujourd'hui, avec toutes vos bizarreries, tous vos subterfuges, toutes vos peurs, *c'est à la majorité d'une seule voix*, je ne saurais trop le répéter, *que vous pouvez condamner à mort* ; l'erreur probable est de $\frac{1}{5}$.

De tout ce qui précède il résulte que nous n'avons que trop le droit de dire, d'affirmer, que la probabilité de l'erreur dans les condamnations à mort est effrayante chez nous, et qu'elle y est plus grande, extrêmement plus grande, qu'en d'autres pays.

CHAPITRE III.

De la peine de mort.

Le droit de défense est de droit naturel; il appartient à tous les êtres sortis de la main de Dieu, et ce droit emporte celui de donner la mort pour éviter la mort.

L'état naturel de l'homme étant l'agglomération en tribu, en nation, le droit de défendre l'existence de sa tribu, de sa nation, contre l'agression étrangère, emporte nécessairement le droit de tuer l'agresseur.

Le danger passé, le droit de tuer son semblable n'existe plus. — Ainsi, le soldat vainqueur n'a pas le droit de tuer les vaincus auxquels il a accordé la vie sur le champ de bataille. — Ainsi, l'assassin ne doit être tué que lorsqu'il est surpris en flagrant délit, ou qu'il met en péril la vie de ceux qui veulent le traduire devant le juge; une fois dans les fers, il n'est plus à redouter pour la société, elle n'a plus le droit de le tuer.

Le léger avantage qu'elle croirait avoir à s'en débarrasser à jamais par la mort, ne balancerait pas l'immense dommage qu'elle recevrait du spectacle horrible et corrupteur d'hommes condamnant et faisant mettre à mort un homme sans défense.

Vous qui voyez dans les exécutions à mort une

leçon salutaire, avez-vous assisté à l'une d'elles ?
— Oui. — Eh bien, qui, du supplicié ou du bourreau, excita votre pitié? Le supplicié, n'est-ce pas?
Oh ! ne vous en défendez pas ; vous oubliâtes son
crime en voyant ses souffrances, sa pâleur, et
votre horreur se concentra tout entière sur son
meurtrier. Est-ce là cette salutaire leçon que vous
voulez donner ? Et savez-vous quel enseignement
en ont tiré les hommes auxquels le bourreau n'a
point fait horreur? Ils ont appris à voir l'homme
se rire de la souffrance de l'homme ; ils ont appris
comment on plonge froidement son couteau dans le
sein de son semblable. Encore une ou deux exécutions, et ils verront sans frémissement, sans horreur, couler le sang humain. Le boucher, au premier jour de son apprentissage, frémissait au bêle-
ment de l'agneau qu'il allait égorger ; il dépeçait
d'une main mal assurée ses chairs palpitantes :
maintenant, il n'y pense plus ; sa hache ne frap-
perait pas avec plus d'indifférence un arbre dans la
forêt.

Vous persistez à demander la mort des criminels ! Eh bien, qui vous dit que le condamné est
criminel ? Qui vous répond de la bonté du jugement, fût-il rendu à l'unanimité? Est-ce d'ailleurs
toujours à l'unanimité que vos cours d'assises se
prononcent? N'avez-vous pas vu, dans le chapitre
précédent, qu'une seule voix de majorité, insuffi-
sante pour absoudre, peut, parfois, suffire pour
condamner?

Quelle que soit, au surplus, la probabilité de l'erreur, il suffit qu'elle ne puisse jamais être nulle,
pour qu'on se donne bien de garde d'appliquer à

une culpabilité qui n'est que probable, la peine de mort, que les plus grands partisans de cette peine n'ont jamais voulu appliquer qu'à une culpabilité certaine. Or, nous l'avons déjà dit, et nous ne saurions trop le répéter, il n'est point de jugement infaillible en matière criminelle ; nous en voyons réformer fréquemment qui avaient eu toutes les apparences de la plus incontestable justice. L'extrême sagesse des juges, le nombre et la moralité des témoins, la voix publique, je dis plus, l'*aveu même de l'accusé*, ne suffisent pas pour arriver à la certitude (1). J'en ai eu la preuve dans le département de l'Ain : un homme dégoûté de la vie, désirant la mort et n'osant se la donner, se déclara l'auteur d'un crime qu'il n'avait pas commis ; il fut condamné à mort, et ne fut arraché à l'échafaud que

---

(1) « On ne peut jamais arriver à la preuve mathématique de la culpabilité d'un accusé ; *son aveu même ne peut être regardé que comme une probabilité très-approchante de la certitude....* Il y a, entre le juré et le juge en matière civile, une différence essentielle : lorsqu'un juge n'a pu reconnaître, vu la difficulté de la question, qu'une faible probabilité en faveur de l'une des deux parties, cela suffit pour qu'il condamne la partie adverse ; au lieu qu'un juré ne doit prononcer un vote de condamnation que quand, à ses yeux, la probabilité que l'accusé est coupable atteint une certaine limite, et *surpasse de beaucoup* la probabilité de son innocence. » (*Recherches sur la probabilité des jugements*, par M. Poisson.)

Et voilà pourquoi de très-bons juges en matière civile feraient, à la longue, de mauvais jurés, de mauvais juges en matière criminelle, par l'habitude qu'ils auraient contractée de condamner sur de faibles probabilités.

par des circonstances indépendantes de sa volonté
et de la sagacité des juges.

Dernièrement encore, à Saint-Lô, département
de la Manche, n'avons-nous pas vu le sieur Nicolas Delalande, soupçonné de meurtre, *s'accuser lui-
même* devant les juges, et accuser son oncle d'a-
voir, à eux deux, tué la jeune Zoé Mabille? Il donna
de son crime les détails les plus circonstanciés.
« Je lui ai porté un coup de poing, dit-il, elle est
» tombée évanouie, mon oncle est survenu, il lui
» a serré la gorge, et nous l'avons enterrée encore
» vivante dans un fossé plein de vase et d'eau. »
Puis, cette jeune fille reparaît; aucun crime n'a été
commis. (Voir la *Gazette des Tribunaux* des 23 juin
et 16 juillet 1844.)

Un vol a lieu avec escalade et effraction la
nuit du 16 au 17 août 1842, dans une église de
Salperwich, près Saint-Omer. Le sieur Hylse avoue
avoir commis ce crime de concert avec le sieur
Houillez, sacristain de cette église, qu'il interpelle
en ces mots à l'audience : « Vous savez bien que je
» ne vous en veux pas, que je n'ai aucun motif de
» vous en vouloir, et que je ne dis que la vérité. »
Et Hylse, en faveur de ses aveux, n'est condamné
par la cour d'assise du Pas-de-Calais qu'à deux
ans de prison. Houillez est condamné à cinq années
de travaux forcés, et, conduit au bagne de Toulon
y est inscrit sous le numéro 31468. Ils subissaient
tous deux leur peine depuis un an, quand ils sont
ramenés à Saint-Omer pour être confrontés avec le
sieur Macrez accusé en 1843 de nombreux vols
qu'il a tous avoués, et parmi lesquels se trouve
celui qui a fait condamner Hylse et Houillez. Hylse

persiste , durant plusieurs interrogatoires du juge
d'instruction , à se déclarer coupable du vol et à en
accuser également Houillez ; il soutient avoir dit
toute la vérité ; que, prêt à monter sur l'échafaud,
il la soutiendrait. « Comment voulez-vous, ajou-
» ta-t-il avec un grand accent de vérité, que j'aie
» menti ? Je n'ai aucun motif d'en vouloir à Houil-
» lez , et il faudrait que j'eusse été fou pour avoir
» fait une déclaration mensongère qui nous com-
» promettait tous deux , alors que nos familles
» ont tant besoin de nos bras et de notre secours. »
Hylse tombe dangereusement malade ; interrogé
de nouveau , et prêt à paraître devant Dieu (on l'en
a averti), il se trouve mal , et, dans une syncope,
laisse échapper ces mots : *J'ai menti jusqu'ici.* Revenu à lui , le juge, sans lui parler des mots que,
dix minutes auparavant, il a prononcés, l'engage
de nouveau à dire toute la vérité , et, pour la première fois, Hylse répond : *Eh bien ! Houillez et
moi sommes aussi innocents du vol que l'enfant qui
vient de naître.* Dans l'après-midi du même jour ,
devant le même magistrat et en présence du directeur et des guichetiers de la prison, Hylse déclare
de nouveau qu'il était innocent, ainsi que Houillez,
du vol pour lequel ils ont été condamnés , mais il
refuse de faire connaître la cause de son ancienne
et mensongère déclaration. Il se confesse, reçoit
les derniers sacrements, fait appeler le juge d'instruction , et lui dit, en présence de son greffier :
« M. le juge , je viens de me confesser ; M. l'au-
» mônier ne pouvant révéler ce que je lui ai dit en
» confession, je vous ai fait appeler pour vous dire
» moi-même ce que je viens de lui avouer : *Je vous*

» *répète donc que Houillez et moi sommes aussi inno-*
» *cents du vol que l'enfant qui vient de naître.* » On ne
put en obtenir rien de plus, et, transporté à l'hospice, il y mourut six jours après. Macrez, renvoyé
par la chambre de mise en accusation devant les
assises du département du Nord, est condamné aux
travaux forcés pour le même vol qui avait fait en-
voyer, l'année précédente, Houillez au bagne. Les
deux arrêts des cours d'assises du Pas-de-Calais et
du Nord, déférés à la cour de cassation comme in-
conciliables, furent tous deux cassés, et Macrez et
Houillez renvoyés devant la cour d'assise de la
Somme. Là, à l'audience du 21 avril 1844, Macrez
est condamné et Houillez acquitté sur tous les chefs
d'accusation. « Les jurés, les juges, les avocats et
» autres personnes, dit la *Gazette des Tribunaux*
» du 4 juin, ont fait une collecte en faveur du
» malheureux Houillez qui, privé d'un bras, est
» revenu depuis quelques jours à Saint-Omer, où
» il a trouvé sa femme et ses jeunes enfants réduits
à la plus désespérante misère (1). »

Est-il nécessaire de citer d'autres faits de même
nature? L'infortuné des assises de l'Ain, le sieur

---

(1) Lorsque je lus, à l'Institut, un extrait de ce mémoire,
je n'avais pu citer qu'un seul fait, celui arrivé dans le département de l'Ain, et l'on aurait pu penser, tant ce fait
était inconcevable et devait être rare, qu'à peine fallait-il
en tenir compte; et voilà que deux faits nouveaux, celui
de Hylse et de Nicolas, ont surgi aussitôt, comme pour nous
avertir, dans l'intérêt des accusés, dans l'intérêt de leurs
juges, de la grandeur du péril qu'il peut y avoir à ajouter
foi aux dépositions même de l'homme qui s'accuse.

Nicolas Delalande, des assises de la Manche, Hylse,
de celles du Pas-de-Calais, s'accusant eux-mêmes
de crimes qu'ils n'ont pas commis, ces actes incon-
cevables, arrivés coup sur coup, doivent suffire
pour reconnaître que l'aveu même de l'accusé ne
peut donner la certitude du crime. Que sera-ce
donc quand il le niera, et il le nie presque toujours !
On le condamne pourtant, malgré ses constantes
dénégations, on le condamne sur des faits matériels qu'il n'a pu nier et qu'accompagnent des
circonstances tellement accusatrices, que tout le
monde de s'écrier : cet homme est coupable! et
cependant, combien il arrive souvent qu'il ne l'est
point ! Je pourrais en citer nombre d'exemples.
En voici un dont tout le monde s'entretenait à
Marseille à l'époque où j'habitais cette ville.

Un postillon d'un village voisin avait, dans une
violente querelle avec un de ses camarades, prononcé ces mots : *Je te f.... mon couteau dans le
ventre.* A quelques jours de là, l'homme menacé
est trouvé mort ; il a été tué à coups de couteau, et
le couteau homicide resté auprès du corps de la victime est celui de l'homme qui l'en avait menacé peu
de jours avant. On arrête cet homme ; on se rap-
pelle le propos qu'il a tenu ; de nombreux témoins
l'attestent devant la cour d'assise ; l'accusé avoue
la menace ; il reconnaît son couteau, mais il nie
avoir commis le crime ; on le condamne à mort,
et il était innocent ! — Un scélérat avait entendu la
menace de ce malheureux homme ; il lui avait, le
soir même, dérobé son couteau au cabaret, et en
avait frappé à mort l'individu menacé, pour le voler et faire porter tous les soupçons sur un autre.

Action plus infâme, plus criminelle, que l'assassinat même qu'il avait commis.

Ce calcul atroce a lieu très-souvent : il doit faire trembler les juges ; il doit leur avoir fait dire maintes fois, du plus profond de leur cœur : point de peine de mort, point de peines irremédiables.

Dans le département du Morbihan, en 1823 ou 1824, deux femmes, deux parentes, habitant la même maison, sont empoisonnées, et l'une d'elles meurt presque aussitôt. Une troisième femme, leur voisine, accusée par toutes deux, est traduite devant le jury et condamnée à mort. C'était pourtant l'une des deux femmes empoisonnées qui était l'empoisonneuse. Pour s'assurer l'impunité, elle s'était dit : « Je tuerai ma parente avec de l'arsenic, » ma voisine, avec le code, des jurés et des juges » et, pour mieux tromper ceux-ci, je m'empoison- » nerai moi-même, mais à si petite dose, que ma » vie n'en courra aucun danger. » — L'empoisonneuse s'était trompée en se mesurant le poison ; le poison fit des ravages lents à la vérité, mais incessants, et, après de longues douleurs, elle vit avec effroi la mort s'approcher : il lui fallut appeler son confesseur ; elle lui avoua son crime et expira. Une de ses victimes avait péri par le poison, l'autre porta-t-elle sa tête innocente sur l'échafaud ? La personne de qui je tiens ces détails, homme grave et des plus considérés dans le département du Morbihan, M. Boblaye, officier d'artillerie, dont le frère est membre de la chambre des députés, n'a pu me le dire ; espérons que le ciel aura arraché au bourreau la femme innocente.

Voici un autre fait plus terrible, plus déchirant encore :

Une femme, en 1816, se dit empoisonnée par sa servante, jeune fille dont la beauté a excité sa jalousie et sa haine. Elle feint des coliques atroces, et l'on trouve de l'arsenic dans la soupe dont elle a mangé et que sa servante a préparée pour elle. La jeune fille est traduite devant la cour d'assise de Grenoble. Les jurés la déclarent coupable à la simple majorité de sept contre cinq ; les juges adoptent à l'unanimité l'avis de la majorité du jury, et condamnent l'accusée à la peine de mort et aux frais envers l'Etat. On la traîne au supplice, et ses cris déchirants : *Je suis innocente ! je suis innocente !* émeuvent jusqu'aux larmes la population entière, qui espère encore et appelle de tous ses vœux un sursis, une commutation de peine. La pauvre jeune fille est portée sur l'échafaud ; le bourreau la saisit, il la garotte, il l'égorge, et la foule se retire le cœur navré, maudissant la loi atroce et les juges impitoyables. A quelque temps de là, une femme au lit de mort fait appeler le curé de sa paroisse ; elle se confesse à lui d'avoir, par un sentiment d'effroyable jalousie, accusé injustement la jeune fille qui a péri sur l'échafaud.

Ces faits ont été maintes fois rappelés devant les cours d'assises du département de l'Isère, et les moindres circonstances de la terrible et douloureuse histoire sont restées gravées profondément, depuis plus d'un quart de siècle, dans la mémoire des habitants de Grenoble, et ne s'en effaceront de longtemps ; on s'y entretient encore de la pauvre jeune fille, remarquable par sa beauté, chérie de

ses parents, aimée de ses voisins, qui fut livrée au
bourreau et égorgée de ses mains, par suite d'une
de ces affreuses erreurs de la justice humaine, trop
fréquentes, hélas! et conséquence naturelle, inévitable, de la peine de mort conservée dans nos lois.
Je n'ai pas dit les noms des jurés et des juges qui
condamnèrent la pauvre fille; ils ne furent impitoyables que parce qu'ils furent trompés par les
apparences, et soumis, sans s'en douter, aux vieilles
influences de lois barbares et de barbares préjugés.
La mort, un peu plus tard, est venue, impitoyable
à son tour, en frapper quelques-uns; tous ont payé,
et plusieurs paient encore de leurs profonds regrets,
de leur incessant malaise, leur affreuse et déplorable erreur. — L'aumônier de la prison, le véné-
rable abbé Johanes, pendant sa longue vie, calme
et heureuse par la satisfaction de sa conscience, a
répété souvent, et disait naguère encore : « Depuis
» que je confesse les prisonniers, la pauvre Jeanne
» n'est pas la seule personne dont j'aie pleuré l'in-
» juste mort. »

Les erreurs de la justice, chez tous les peuples
de la terre, furent nombreuses de tout temps (1);

(1) Au moment où ceci s'imprime, je lis dans un journal
l'article ci-après:

« Une fatale erreur judiciaire fait en ce moment l'objet
» d'un recours à la clémence du roi (à sa justice aurait dû
» dire le journaliste). Une jeune fille, convaincue d'infan-
» ticide, déclara que le sieur Vinsot, percepteur dans l'ar-
» rondissement de Tulle, était le père de l'enfant, et l'avait
» aidée dans la perpétration de son crime. Vinsot parut
» devant le jury et fut condamné à cinq ans de détention.
» Il subit actuellement sa peine. La jeune fille fut renfer-

les gouvernements croient devoir les cacher pour
conserver aux décisions judiciaires le respect dont
il est nécessaire de les entourer ; ils voudraient,
dans ce but, faire croire à leur infaillibilité. Ils ont
tort. Ce n'est pas ainsi que l'on attire le respect, la
vénération sur les juges ; c'est en leur facilitant les
moyens d'être justes et de pouvoir toujours réparer
leurs erreurs.

Je pourrais, aux exemples que j'ai rapportés de
leurs inévitables et irréparables erreurs, en ajouter
une foule d'autres ; mais à quoi bon ? Ne suffit-il
pas qu'un être innocent, un seul, ait été injustement frappé de mort, pour se hâter de rejeter à
tout jamais des arrêts de la justice les peines irréparables ? La peur seule pourrait tenir un autre
langage ; la peur, la lâche peur, je ne saurais trop
le répéter, est, à notre insu, la source des plus
grands crimes ; c'est elle qui, dans tous les temps,
a souillé les codes des dispositions les plus atroces ;
c'est elle qui répète quelquefois : *Périsse l'innocent,
plutôt que de laisser échapper le coupable !* De pareils sentiments ne sont point ceux du peuple français, de ce peuple brave et généreux. Mais, chez
quelque peuple que ce soit, le législateur que n'ef-
fraierait point une chance quelconque d'erreur,
lorsque cette erreur peut faire tomber la tête d'un

» mée dans la maison centrale de Limoges.... Elle y tomba
» gravement malade, fit appeler un prêtre, et confessa qu'elle
» avait accusé Vinsot par vengeance ; elle seule, ajouta-t-
» elle, était coupable. Elle est morte peu de jours après...
» Le procureur général a immédiatement sollicité de la jus-
» tice royale la remise de la peine infligée à cet innocent. »

(Journal *la Patrie*, du 25 décembre 1844.)

innocent, serait bien aveugle ou bien coupable.
Persister dans cette voie, persister à croire à la
nécessité de sacrifier des hommes à je ne sais quelle
morale publique, et, s'appuyer à cet égard sur
l'usage unanime des peuples depuis les siècles les
plus reculés, ce serait nier la perfectibilité de
l'homme. Tous les.peuples aussi ont immolé des
victimes humaines sur l'autel de leurs dieux ; avons-
nous eu tort de concevoir de la divinité des idées
plus nobles, plus grandes ? Avons-nous eu tort
de substituer aux victimes humaines nos prières,
nos larmes, nos actions de grâces ?

Il est un autre sentiment, plein de périls et de
fâcheuses déceptions, qui exista de tout temps et
qui existera toujours ; c'est l'orgueil, source de la
confiance de l'homme en sa perspicacité. Tenons-
nous en garde contre lui quand il s'agit de prononcer sur la vie de nos semblables ; cherchons alors
dans nos souvenirs, et nous y trouverons qu'en une
foule de choses, passées sous nos yeux, ce que
nous avions cru vrai ne l'était point. Plusieurs de
nous peuvent se rappeler avoir vu en Italie la foule
se presser autour d'images de la sainte Vierge ;
elle lui voyait remuer les yeux et criait au miracle,
et nous, Français, nous les voyions immobiles.
Italiens et Français étaient de bonne foi. A une
autre époque, moi et plusieurs de mes camarades,
qui la plupart existent encore, ne fûmes-nous pas
un jour d'avis si opposés sur la couleur du cheval
que montait un homme qui, quelques heures auparavant, avait fait route assez longtemps avec nous,
les uns disant qu'il était bai-brun, les autres gris-
pommelé, qu'un pari s'ensuivit ? Je fus du nombre

des perdants. Qu'un crime eût été commis ce jour-là par un homme monté sur un cheval gris, et voyez combien ma sincère et cependant bien fausse déposition eût pu lui être funeste ! Un exemple encore : le savant M. de Hammer n'a-t-il pas écrit à notre non moins savant M. de Sacy, qu'il avait vu, en Egypte, une source d'eau vive sortir d'une des faces de l'obélisque d'Héliopolis, et M. de Sacy n'a-t-il pas cru à ce témoignage de son grave correspondant, au point de le citer dans sa traduction d'Abd-Allatif, page 569 ? Et cependant, l'un et l'autre auront reconnu depuis avec moi, qui ai passé plus d'un jour sur les ruines d'Héliopolis, que jamais source n'a coulé ni pu couler de ce bloc de granit couvert de sculpture, seul monument, élevé de la main des hommes, qui soit resté debout au milieu de l'emplacement de cette ville du soleil où les Platon, les Eudoxe, étaient venus, au temps des Pharaons, étudier les hautes sciences et la sagesse des Egyptiens.

Ah ! puissent tous les témoins, tous les jurés, tous les juges, être comme moi convaincus par leur propre expérience des graves erreurs que les assertions les plus sincères peuvent renfermer !

Je le répète donc, la certitude *absolue* de la culpabilité est impossible à obtenir, et, serait-elle toujours possible, que je dirais encore, *point de peine de mort.*

Cette peine, pour les crimes politiques, pour les crimes de religion, est injuste, dangereuse, impolitique. La conscience du condamné ne lui reproche rien ; il croit avoir accompli un devoir sacré ; ses partisans, ses coreligionnaires, en font un

héros, un martyr, et le peuple qui le voit monter
à l'échafaud, l'admire, le plaint, maudit les juges
qui l'ont condamné et le prince surtout qui ne l'a
point gracié.

Et puis, qu'est-ce qu'un crime politique? Un
crime véritable est l'acte qui reste crime dans tous
les temps, dans tous les pays, indépendamment de
toute croyance religieuse et de toute forme sociale:
c'est l'assassinat de Henri IV, c'est la Saint-Barthé-
lemi, ce sont les noyades de Nantes, les dragon-
nades des Cévennes, les massacres du 2 septembre
1792 dans Paris, ceux de 1815 à Marseille et
à Nîmes.

Ce que, d'ordinaire, les gouvernements appel-
lent crimes politiques, sont souvent le lendemain
des actes de vertu pour lesquels rois et peuples
n'ont pas assez de récompenses à décerner. Que les
juges donc, avant de condamner quelqu'un pour
un fait politique, interrogent l'avenir et lui deman-
dent ce qu'il dira du coupable, ce qu'il dira des juges.

Pourquoi les jugements de la postérité ne pré-
occupent-ils pas tous les hommes? Pourquoi y en
a-t-il qui ne songent qu'à la fortune qu'ils peuvent
retirer de leurs actes, aux titres, aux honneurs
dont on va les combler pour leurs lâches complai-
sances, et qui ne voient pas que ces titres, ces
honneurs, vont à jamais dégrader, déshonorer
leurs personnes et leurs noms? — D'autres se
laissent aveugler par des passions plus nobles,
mais non moins dangereuses : le dévouement pas-
sionné, absolu, sincère, à tel ou tel principe, à
tel ou tel homme, à la république ou à la monarchie, à Bonaparte ou aux Bourbons. Ah! ceux-là,

s'ils ont élevé des échafauds en leurs jours de dévouement frénétique, combien ils en souffrent quand leurs yeux s'ouvrent à la lumière ! Leur cœur est plein de regrets, leur conscience de remords; ils passent le reste de leur vie à chercher à pallier leurs fautes irréparables, je pourrais dire leurs crimes. Vains efforts ! le manteau qu'ils jettent sur leur plaie en trahit l'étendue; on les prend en pitié, mais on ne croit point à leurs tardives justifications, et le jugement de la postérité suspendu sur leur tête leur apparaît jour et nuit inflexible et menaçant.

Voilà le résultat inévitable de la peine de mort conservée dans les codes des nations pour les délits politiques. En vain croit-on, quand l'orage est passé, que la peine de mort ne sera plus appliquée à cette nature de délits : l'orage éclate-t-il de nouveau, des condamnations à mort sont à l'instant prononcées pour les fautes les plus légères. Un crime politique ! Mais c'est alors, quelle que soit son insignifiance, le plus grave de tous; on n'a point, pour s'en venger, de supplices assez grands. Puisse donc, aux jours de nouvelles tempêtes, le plus grand des supplices n'être plus la *mort ;* ou vous verrez encore la hache du bourreau frapper vos guerriers les plus illustres, vos citoyens les plus généreux, vos femmes les plus vertueuses.

Si, avant notre grande révolution du siècle dernier, le peuple n'eût pas été habitué à voir ses rois punir et se venger, venger la société par des supplices effroyables; « Si Louis XV (écrivais-je trois » mois et demi après la bataille de Waterloo (1) ;

_____

(1) *Correspondance sous les divers gouvernements qui se*

» Si Louis XV eût accordé la vie à son assassin au
» lieu de laisser les habitants de Paris se repaître
» des tortures effroyables de l'écartèlement de cet
» homme ; s'il eût, ce jour-là, aboli la peine de
» mort..., les nobles instincts que l'Eternel a mis
» dans le cœur de l'homme en le créant, se se-
» raient réveillés dans la nation, et la nation tout
» entière n'eût pas tardé à regarder le meurtre ju-
» diciaire comme le plus odieux, le plus dénaturé,
» le plus lâche de tous. La révolution, sous le rè-
» gne de Louis XVI, aurait été sanglante sur les
» champs de bataille, la guerre civile aurait dé-
» cimé les familles, mais l'échafaud n'aurait pas
» dressé sa tête hideuse sur la place publique ; le
» sang du meilleur des rois, de la plus noble et de
» la plus tendre des mères, celui de plusieurs mil-
» liers d'innocents, n'y aurait pas été versé à flots
» par la main du bourreau ; la France n'aurait pas
» à voiler son noble front au souvenir de tant de
» crimes, et à cacher sa douleur sous l'auréole de sa
» gloire guerrière ; elle porterait, exempte de tout
» nuage, le front haut et fier.....

   » Que les personnes, ajoutai-je encore, qui peu-
» vent aborder le roi et les princes, ne leur cachent
» aucune vérité utile, et qu'en ce moment ils leur
» répètent sans cesse combien il importe à leur gloire
» que les gens accusés de crimes politiques soient

sont succédé en France depuis l'an X de la République.
Grenoble, Prudhomme imprimeur-libraire, vol. de 1815,
lettre du 1er octobre à Mme la comtesse de Goyon, l'une
des dames d'honneur de S. A. R. la duchesse d'Angoulème,
et au comte de Chabrol, préfet de Paris.

» jugés sans colère, sans faiblesse, avec toute l'im-
» partialité, toute la sévérité des lois, et que le mo-
» narque montre sa force encore plus que sa bonté
» en ne laissant exécuter aucune condamnation à
» mort. Ah ! l'abolition de la peine de mort, à son
» entrée dans Paris, aurait mieux défendu, mieux
» consolidé ses droits au trône de Henri IV, que
» toutes les armées de l'Europe. »

Des conseils, des prières de même nature, durent
être adressés à Louis XVIII par bien d'autres personnes ; mais que peuvent de tels conseils contre
les mauvaises passions bourdonnant sans cesse aux
oreilles des souverains ? Le vœu de n'user envers
les condamnés d'aucune peine irrémédiable fut méprisé ; peut-être même ce vœu ne parvint-il pas
jusqu'au trône ; les condamnations à mort, les
refus de grâce, les exécutions, se succédèrent, et
le trône, un jour, s'écroula sur ses bases, en ap-
parence fort solides, mais minées de toutes parts
par le mécontentement général, conséquence de
condamnations toujours trop sévères, iniques
maintes fois (1), et le souvenir incessant des
hommes, chers à la patrie, que le roi, revêtu du

(1) Le jugement illégal, exécuté avec une si froide cruauté
en 1816, contre de pauvres paysans égarés par le maître
des requêtes Didier, aliéna à tout jamais des Bourbons la
population presque entière du Dauphiné. Des condamnations non moins iniques produisirent ailleurs le même effet ;
telles furent celles de quelques généraux que devait comprendre l'amnistie du 12 janvier 1816 puisqu'elle s'éten-
dait à tous ceux contre lesquels aucun commencement de
poursuites n'avait encore eu lieu, et que, pour les com-
mencer, on employa le *télégraphe,* alors que le courrier n'eût

droit de grâce, n'arracha pas à l'échafaud. Tel fut, entre autres, le refus de Louis XVIII d'accorder à une épouse éplorée la vie du héros de la Moscowa, et à une femme mourante la grâce de son mari, homme d'Etat distingué par sa haute moralité, et que l'on savait bien n'être coupable que d'un simple délit. On crut nécessaire de châtier l'armée par l'exécution d'un maréchal de France; on crut indispensable d'effrayer les fonctionnaires publics de l'ordre civil par la mort d'un directeur général allié de Bonaparte.

M. de Lavalette avait adressé de Paris à l'île d'Elbe ses souhaits de bonne année, rien autre, à l'empereur, son bienfaiteur, son oncle, et il avait repris quelques heures trop tôt, après la fuite du roi, auquel aucun serment ne le liait, ses anciennes fonctions de directeur général des postes; et on le condamne à mort pour cette faute qu'en des temps ordinaires on eût puni d'un emprisonnement de six mois à deux ans (art. 197 du Code pénal). Le monarque repousse Mme de Lavalette se jetant à ses genoux pour implorer la grâce de son époux; l'échafaud est dressé, la victime est prête à monter dans le fatal tombereau..... Un ange l'arrache à

plus été assez prompt. Honte éternelle au ministre qui, en prescrivant cette mesure, fit condamner des gens que le parlement croyait certes avoir absous, et qui, en apportant ainsi à l'amnistie la restriction la plus grande, alors que l'humanité lui faisait un devoir du contraire, fit soupçonner d'hypocrisie la clémence du monarque, éloigna de ce prince la plupart des cœurs généreux, affligea ceux qui lui restèrent dévoués Combien de chefs vendéens m'en ont parlé ainsi !

la mort par un miracle au-dessus des forces humaines, et cet ange est Mme de Lavalette, mourante de ses couches récentes et de la mort de son nouveau-né, si longtemps désiré! A l'annonce de la miraculeuse évasion, des cris de rage s'élèvent du milieu de la foule des courtisans, et aujourd'hui, ces mêmes courtisans rougissent à ce récit de leur sanguinaire fureur, et la mémoire de Louis XVIII s'avance dans les siècles, emportant à tout jamais avec elle la tache indélébile de sa criminelle dureté. Je dis criminelle, car la *grâce* ici n'eût pas été *clemence* mais *justice*, et tout déni de justice est un crime chez un roi.

C'en est assez sur les crimes politiques. Tout le monde est d'accord *aujourd'hui* sur ce point; mais, si vous voulez que *demain* cet accord dure encore, effacez de votre code, pour tous les autres crimes, quelque lâches, quelque odieux qu'ils soient, la peine de mort.

Le condamné, quel qu'il soit, n'a-t-il pas reçu du prêtre qui l'accompagne à l'échafaud et qui croit à son repentir, toujours sincère en ce moment, le pardon de Dieu, alors que les juges lui refusent le leur? Ce combat de la loi divine et de la loi des hommes ne tend-il pas à les affaiblir toutes deux aux yeux du peuple (1)? Et si la vue du sang, du

(1) C'est ce que tout récemment encore, le 28 mai 1844, la population de Valence dut éprouver lors de l'exécution de Durouelle qui, depuis vingt-cinq ans, n'avait vécu, dit a *Gazette des Tribunaux*, que de vols et d'assassinats.

« Au moment où le concierge de la prison donnait passage au cortége, Durouelle s'est tourné vers lui, et lui a dit

sang répandu lâchement, froidement, sans péril
aucun, peut ramener parfois à la vertu quelques
êtres vicieux, n'inocule-t-elle pas le virus du crime
dans le cœur de bien d'autres restés purs jusqu'a-
lors? Elle révolte les hommes exempts de toute
criminelle pensée ; elle leur fait un mal qu'ils
ne méritaient pas ; c'est eux que l'infâme spectacle a punis ; il les a plus punis que le criminel
lui-même, qui n'a eu qu'un instant de souffrance, et qui, s'il a été sincèrement repentant, a
senti, au moment suprême, l'espérance en la miséricorde divine descendre dans son âme.

Que l'on n'aille pas, faisant semblant de s'y méprendre, dénaturer ma pensée, et dire que ma
pitié pour de vils assassins est trop grande. Je les
ai en horreur autant que qui que ce soit, mais je
ne les crains pas, et c'est là la seule différence qui
existe, croyez-le bien, entre ceux qui veulent
maintenir la peine de mort et ceux qui veulent
l'effacer de nos lois ; ce n'est pas que ces derniers

avec effusion : « Adieu, Monsieur, vous m'ouvrez ces
» portes ; dans quelques minutes, les anges vont m'ouvrir
» celles du ciel.... » Durouelle a monté les degrés de l'échafaud avec assurance, etc. »

(*Gazette des Tribunaux* du 1er juin 1844.)

Et des hommes endurcis dans le mal se seront dit : « Vi-
vons encore dans le crime, nous ferons plus tard, comme
lui, une prompte et sainte mort, au milieu des prières
d'une foule pieuse et bienveillante.» Cet éclat a pu sourire
aux moins abjects d'entre eux.

Durouelle, condamné à un emprisonnement solitaire pour
le reste de ses jours, eût certes donné un exemple plus long,
plus terrible, plus moral.

soient plus braves que les autres ; il apprécient mieux le danger, voilà tout.

Les assassins ! Les empoisonneurs ! Mais nous voudrions les voir retranchés de la société à l'instant même de leur crime et disparaître entièrement de dessus la terre.

Ce pouvoir n'appartient qu'à Dieu seul, nous ne pouvons nous l'arroger sans tomber dans la plus grave des erreurs qu'enfantent l'enivrement de l'orgueil ou les étourdissements de la peur. Ce que nous voulons, ce que nous avons le droit de demander, c'est qu'en punissant le meurtre, vous ne nous en fassiez pas commettre un, et le plus horrible, le plus dégoûtant de tous : le meurtre de sang-froid et avec préméditation. Ce que nous voulons, c'est que les erreurs auxquelles les jugements des hommes sont nécessairement sujets, soient toujours réparables ; ce que nous voulons, ce que tout le monde doit vouloir, c'est que le châtiment du criminel ne soit pas dangereux pour la société entière, en blessant les nobles instincts des hommes vertueux, et en excitant, en réveillant, en accroissant, au cœur des vicieux, les mauvais penchants.

Un jour, je ne l'oublierai jamais, et déjà plus de vingt années se sont écoulées, j'aperçus sur la place Grenette à Grenoble des hommes que, dans l'éloignement, je pris pour des bateleurs ; ils faisaient, du haut de leur tréteau, des grimaces, des contorsions, et envoyaient des lazzis à quelques désœuvrés, à quelques enfants du peuple réunis à l'entour et leur répondant par des éclats de rire. Je reconnus en m'approchant que c'était la guillotine qu'on venait de dresser, et que les gens que j'avais pris pour des bateleurs n'étaient autres que le bourreau et ses aides se jouant avec les instruments et les apprêts du supplice. Je m'éloignai rapidement, révolté, affligé, de voir cet appareil de mort qui devrait au moins être caché aux regards des curieux et n'être jamais entouré que de ferventes et tristes prières, être le théâtre déhonté des plus sales plaisanteries. — Plusieurs heures après, certain que l'exécution était depuis longtemps terminée, je traversais de nouveau la même place ; le funeste tréteau y était toujours, et je m'en éloignai encore avec horreur en voyant le terrain à l'entour couvert de flaques de sang que des chiens léchaient avidement.

Une autre fois, à Paris, je rencontrai dans les abords de la place de Grève, la foule qui s'en écoulait. Une exécution venait d'avoir lieu, et de toutes parts j'entendais des mots compatissants, tels que ceux-ci : *Le pauvre homme n'a pas, Dieu merci, eu le temps de souffrir,* ou ceux-ci, mélange de cynisme et de férocité : *C'est pas grand'chose, c'est bientôt fait ; comme le bourreau l'a joliment expédié !*

A Paris, au milieu des folies du carnaval, n'a-t-on pas vu, il y a peu de temps encore, des masques accourir au point du jour autour de la guillotine, à leur sortie d'un bal obscène, assister à l'exécution, au meurtre légal, puis, hommes et femmes, vil rebut de la société, se prendre par la main et danser autour de l'échafaud sanglant?

A Riom, département du Puy-de-Dôme, le 8 juillet de cette année, « Lescure monte d'un pas » ferme sur l'échafaud, il s'agenouille aux pieds de

» son confesseur ; le prêtre lui parle d'une autre
» vie, lui donne sa bénédiction, la foule se décou-
» vre silencieuse et recueillie ; les bourreaux s'em-
» parent de lui ; ils le lient sur la fatale planche ;
» le couteau glisse en sifflant dans la rainure et lui
» entame seulement la tête qui se relève avec effort
» et montre aux spectateurs deux yeux sanglants
» et presque sortis de leur orbite. Le malheureux
» s'agite convulsivement sur la planche où il est
» attaché ; il cherche à dérober sa tête à l'effroyable
» lame ; un des bourreaux s'élance pour relever le
» couteau ; mais, au moment où Lescure se sent
» délivré de ce joug ensanglanté, rassemblant
» toutes ses forces dans un prodigieux effort, et
» soulevant le croissant, il va tomber à la renverse
» sur le marchepied de l'échafaud. Ici, nous re-
» nonçons à décrire une scène dont aucune expres-
» sion ne pourrait rendre la physionomie : le *pa-*
» *tient* se débattant sur les planches au milieu des
» exécuteurs consternés ; la rumeur sourde et me-
» naçante de la foule faisant écho à d'effroyables
» gémissements ; le jeune prêtre qui s'éloignait,
» revenant sur ses pas pour répondre aux cris dé-
» sespérés de son malheureux pénitent qui l'appe-
» lait de toutes ses forces ; et enfin, les bourreaux
» se hâtant de relever *leur victime* et de la replacer
» sous le couteau, qui trancha du second coup la
» tête qu'il n'avait fait qu'entamer du premier. »
(*L'Ami de la Charte*, du 10 juillet 1844, journal
du département du Puy-de-Dôme.)

» A Dijon, il y a trois mois, écrivait M. Victor
» Hugo en 1833, on a mené au supplice une
» femme..... La tête n'a pas été tout à fait cou-

» pée ; alors, les valets de l'exécuteur se sont atte-
» lés aux pieds de la victime et, à travers les hur-
» lements de la malheureuse et à force de tiraille-
» ments et de soubresauts, ils lui ont séparé la tête
» du corps par arrachement. »

Et l'on oserait soutenir que de pareils spectacles rendent le peuple meilleur ! — Oh ! non, mille fois non. Verser le sang de son semblable, faire de son supplice une horrible fête qui fera souffrir les bons, corrompra les faibles, endurcira les méchants (1), est une offense envers Dieu, un crime envers les hommes, ou, tout au moins, un acte de démence. — Comment n'avoir pas vu depuis longtemps que ce n'est point en habituant au meurtre que l'on inspire l'horreur du meurtre ; que ce n'est point par la crainte de la mort que l'on détourne les mauvais penchants, mais par celle du mépris public ! Et qu'on n'aille pas me dire que la honte n'est rien pour les êtres vicieux, on se tromperait grandement ; l'effronterie de quelques scélérats attachés

(1) En voici un exemple bien récent :

» Jérôme et la femme Lenoble, condamnés à la peine ca-
» pitale comme coupables d'empoisonnement, ont subi leur
» peine à Epinal jeudi dernier. Une foule considérable
» assistait à ce triste spectacle. A ce propos, on remarquait
» qu'*il y a un an*, l'échafaud s'était dressé pour deux
» hommes qui avaient été condamnés à la peine capitale,
» et que, parmi les spectateurs, figurait alors Jérôme, qui,
» à plusieurs reprises pendant ce drame sanglant, mani-
» festa son horreur, et, *six semaines après l'exécution*,
» Jérôme était arrêté comme coupable du crime qu'il vient
» d'expier. »

(Journal *La Patrie*, du mardi 15 octobre 1844.)

au poteau n'est que forfanterie ; c'est en vain
qu'ils s'efforcent de nier la douleur qui les poi-
gnarde, ils sentent le poignard jusqu'au fond de
leurs entrailles. Il est dans la nature de l'homme,
tel qu'il est sorti de la main de Dieu pour vivre en
tribu, en nation, il est dans sa nature, et c'est son
grand lien social, de redouter la honte plus que la
mort. — On meurt pour sa patrie, on ne se désho-
nore pas pour elle.

C'est par la peur, autre sentiment naturel à
l'homme, que la peine de mort a pris place dans ses
codes. L'habitude, la routine, l'ont conservée chez
des peuples qui, par leur puissance, leur haute
civilisation, leurs nombreux moyens de répression, n'ont pas besoin, pour leur conservation,
de faire périr tous les ans sur l'échafaud un ou
deux scélérats, pour assurer la sécurité de plusieurs
millions de bons citoyens habitués aux armes et
fortement unis par leur intérêt commun et l'égalité
de leurs droits. Aussi, cette nécessité n'est-elle
plus guère admise en France aujourd'hui que par
les hommes qui ne se donnent pas la peine d'en re-
chercher les motifs, et par ceux qui prennent, en
toute sincérité, leur peur individuelle pour une
pensée d'intérêt public. Je pourrais citer les noms
de plusieurs qui ont été jusqu'à me dire, eux, en
toute autre chose bons et généreux, que la chance
de faire périr l'innocent était préférable à celle de
laisser vivre l'assassin ; ils prétendent, tant la peur
grossit les objets, que les prisons, les cachots,
les fers, n'offrent pas de garanties suffisantes
contre de mauvais penchants et de criminelles ha-
bitudes : « Si la peine de mort est abolie, me di-

» saient-ils, nous ne pourrons plus sortir dans les
» rues sans avoir des pistolets dans nos poches. »
Quoi ! des pistolets dans vos poches, parce qu'à la
peine de mort on aura substitué l'emprisonnement
cellulaire à perpétuité ! Des pistolets, parce que
l'assassin sera dans les fers ! Tant de pusillanimité,
tant d'égoïsme, étaient heureusement, chez la plupart de mes interlocuteurs, plus superficiels que
profonds. Quant aux gens qui persisteraient, par
des craintes chimériques tout à fait inhérentes à
leur nature égoïste, ou cruelle, ou peureuse, à demander la peine de mort pour les assassins, que ne
demandent-ils donc aussi que l'on mette à mort les
fous furieux. Un fou furieux est plus à redouter
que l'assassin le plus féroce : l'assassin cherche
dans le crime un profit avec le moins de danger
possible. Le fou amoncellera meurtres sur meurtres sans motif et sans crainte. — Il fut un temps
aussi ou, par sûreté publique, nous étouffions
entre deux matelas les personnes atteintes de la
rage ; aujourd'hui, nous veillons à ce qu'elles ne
puissent mordre et nous tâchons de les guérir.
Cherchons aussi à guérir le criminel ; est-il donc
autre chose qu'un fou furieux, un être atteint de
la rage, un homme estropié au moral comme d'autres le sont au physique ? Séquestrez-le de la société, corrigez-le, et que le châtiment ne soit pas
féroce comme en Russie, où l'abolition de la peine
de mort n'a jamais été, de la part des czars, qu'une
atroce et lâche hypocrisie (1) ; que le châtiment soit

(1) Les czars, ces maîtres absolus de la vie de leurs sujets, n'en font plus mettre à mort sur l'échafaud ; il les y

un remède destiné à amener la guérison sans bles-
ser l'âme, sans torturer le corps, et si le criminel,
cet homme en démence, aux penchants contre nature, ne peut se guérir, tenez-le renfermé à jamais,
s'il le faut, mais ne le privez ni de l'air ni de la vue
du ciel, ni trop longtemps de la vue de ses semblables, besoins indispensables à sa nature : ne le
tuez pas.

N'est-ce pas ainsi que vous en usez envers vos
prisonniers de guerre ? Ils peuvent, s'ils vous échap-
pent, aller grossir les rangs de vos ennemis et re-
venir de nouveau incendier vos villes, insulter vos
femmes, massacrer vos enfants, vos vieillards. Et
cependant, vous ne tuez pas ces soldats pour vous
débarrasser du soin de les garder. Les nations ennemies se heurtent, se combattent, s'entre-détrui-
sent sur les champs de bataille ; elles n'égorgent

font torturer, lacérer à coups de knout ; toutes les parties
du corps du condamné ne sont bientôt qu'une plaie, et
le supplice ne s'interrompt que lorsque la vie est prête à
s'échapper ; alors on porte le malheureux à l'hôpital, on
le soigne quelques jours, on lui rend quelques forces ; puis
on le reconduit à l'échafaud et le supplice recommence. Il
se terminait toujours, il y a une vingtaine d'années, par la
mutilation ; on arrachait les narines du condamné avec des
tenailles, et quelquefois la langue. Aujourd'hui encore, on
le marque, dans certains cas, avec un fer rouge sur le front,
les joues et le menton, mais, n'eût-il reçu que le knout, il
en meurt souvent, à quelques jours de là, dans son cachot, ou, plus lentement, plus douloureusement, en Si-
bérie, au fond de quelques mines.

Et l'on appelle cela *respecter la vie du* coupable, *le laisser
mourir de sa mort naturelle.*

plus leurs prisonniers, et la guerre en est devenue
moins cruelle (1). Nous aussi, frappons l'assassin
au moment où il lève ses armes sur un de nous,
mais, une fois notre prisonnier, ne lui ôtons pas
la vie ; et, croyez-le bien, la guerre impie que
quelques scélérats font à la société deviendra de
jour en jour moins féroce : l'expérience en a été
faite depuis longtemps ; la peine de mort a été abolie
ou suspendue chez des peuples de races diverses et
de mœurs bien différentes, et, chez tous, la sécurité publique s'accrut, les mœurs s'améliorèrent.
Ainsi, de nos jours, en Toscane, pendant les trente
et quelques années (de 1765 à 1798) où la peine de
mort avait été suspendue, de droit ou de fait, les
crimes avaient été sans cesse en diminuant, alors

(1) Quand deux peuples se font une guerre à mort, il y a
toujours habileté de la part de celui qui commence à laisser
la vie sauve à ses prisonniers. Le soldat, certain d'être
reçu à merci, ne se défend point en désespéré. « Nos pay-
» sans, disaient un jour devant moi des chefs vendéens,
» ne se sont plus battus aussi bien dès qu'ils ont pu se
» rendre ; ils se seraient battus un contre mille quand les
» Bleus ne leur faisaient point de quartier. »
Habileté et humanité marchent ensemble ; l'histoire en
fournit mille exemples. J'en ai été témoin en Vendée ; j'en
ai été témoin en Egypte. Qui ne sait qu'en ce dernier pays,
là où le général Desaix eut le commandement, les habitants
se soumirent promptement au *Sultan juste*, et bientôt aimè-
rent les Français ; et que, dans les lieux où les Boyer, les
Destaing, voulurent effrayer la population par de nombreux
supplices dépassant presque toujours en cruauté le crime
ou la faute, leurs noms ne cessèrent d'être exécrés et les
insurrections renaissantes ?

que, dans les états voisins, où l'on n'avait cessé de torturer, de tenailler, de rouer, d'écarteler les malfaiteurs, les malfaiteurs n'avaient discontinué de s'y montrer de toutes parts et d'y répandre la terreur. Les voyageurs y étaient fréquemment dépouillés ; il fallait marcher sur les grandes routes en nombre et armés ; tandis que, dans l'heureuse Toscane, telle que Léopold l'avait faite, on pouvait voyager de jour et de nuit en toute sécurité. C'est qu'en Toscane il n'y avait pas impunité pour le crime, mais châtiment prompt, exemplaire, juste, dégagé de toutes les cruautés qui habituent les hommes à verser lâchement le sang de leurs semblables, et les portent bien plus à imiter le bourreau qu'à exécrer ses victimes.

Le rare, le très-rare emploi que l'on fait en Toscane de la peine de mort, emploi onze fois moindre que celui que nous en faisons encore aujourd'hui, n'attire point en ce pays les malfaiteurs ; on ne voit point les voleurs, les brigands des états voisins, où les *supplices se succèdent rapidement,* venir y chercher une arène plus favorable à leurs criminels penchants ; ils en redoutent la police vigilante, la maison de travaux forcés ; ils fuyent celle-ci plus que la mort ; ils savent qu'ils trouveraient difficilement des complices en ce pays, et que, de toutes parts, les populations accourraient les traquer comme des bêtes fauves. On peut m'en croire ; je n'écris point sur des bruits vagues ou sur les récits de voyageurs traversant en hâte l'Italie pour en admirer rapidement les monuments, les sites poétiques, et ne pouvant, en des instants si remplis, s'occuper des mœurs si diverses des peuples qui l'habitent. J'ai passé plus de quatre ans en Toscane, et sept dans les Etats voisins ; les différentes missions dont j'y fus chargé, les unes relatives aux impôts, au commerce, à l'industrie ; les autres à l'administration générale, à l'instruction publique, aux beaux-arts, aux établissements scientifiques ; les fonctions de commissaire de l'empereur pour l'administration des provinces siennoises jusqu'à leur réunion définitive à la France et à leur organisation en préfecture, m'avaient mis à même d'étudier les mœurs de divers Etats de l'Italie, celles des pauvres aussi bien que des riches, et d'en consulter les hommes distingués de toutes les conditions, les Fossombroni, les Fabroni, les Palloni, les Bardi, les Spanocchi, etc.; j'y avais, enfin, et j'y ai encore de bons et nombreux amis parmi lesquels je suis heureux de pouvoir citer aujourd'hui, après tant d'années écoulées, deux de mes collaborateurs de 1808 et 1810, MM. Passerini et Antoir.

Si, maintenant, nous examinons ce qui se passe en Angleterre, nous y voyons, comme en Italie, les crimes diminuer à mesure que l'application de la peine de mort y a été de plus en plus restreinte. Cette peine atroce, qui, au commencement de 1828, était appliquée à soixante-dix-huit espèces de crimes, ne le fut plus qu'à trente-une, à partir de cette année jusqu'en 1832, qu'on la supprima encore pour le vol de bestiaux, le vol dans une maison habitée, la fausse monnaie, et le faux en écriture, sauf celui de testament et de procuration pour transfert de rentes.

En 1833, la peine de mort fut abolie pour le vol avec effraction pendant le jour ;

En 1834, pour le retour d'un lieu de déportation ;

En 1835, pour sacrilége et pour soustraction de lettres par les agents de la poste ;

En 1837, pour tous les crimes qui y étaient restés soumis, excepté les douze suivants :

1º Meurtre, ou tentative de meurtre, accompagnée de voies de faits qui ont mis la vie en danger ;

2ᵒ Rapt et viol de jeune fille âgée de moins de dix ans ;

3º Outrage contre nature ;

4º Vol de nuit avec effraction, accompagné de violences contre les personnes ;

5º Vol sur la voie publique avec mutilation ou blessure ;

6º Incendie de maison habitée ou de navire, lorsque la vie des personnes a été mise en danger ;

7º Pirateries accompagnées de tentatives de meurtre ;

8º Faux signaux faits à un navire, dans le but de le faire échouer ;

9º Incendie de vaisseaux de guerre ;

10º Attroupements séditieux pour détruire des édifices ;

11º Détournements commis par les agents de la banque ;

12º Haute trahison (1).

---

(1) A ce crime correspondent chez nous les nombreux cas passibles de la peine de mort qui ont été compris dans notre Code sous le titre de *Crimes contre la sûreté de l'Etat.*

Eh bien, depuis 1828 jusqu'à nos jours, le nombre des condamnés à mort en Angleterre a été en diminuant, et le nombre des condamnations de toute nature, en augmentant; moins de sang a coulé sur l'échafaud, moins de crimes sont restés impunis.

En 1818, il y avait 1254 condamnations à mort, et ce nombre varia peu jusqu'en 1828, où il y en eut encore 1165. Les réformes successives du Code ont abaissé de plus en plus le nombre de ces condamnations, et elles se sont trouvées réduites à 116 après 1838. La moyenne des condamnations à mort avait été, pour les quatre années antérieures, de 1 sur 32 condamnations de toute nature; elle n'a été que de 1 sur 311 en 1838, de 1 sur 318 en 1839, et elle aura certainement continué de décroître encore.

Enfin, les crimes qui précédemment emportaient peine de mort sont devenus moins fréquents, et ceux auxquels la peine de mort est restée appliquée se sont accrus. C'est que les hommes portés au crime connaissent très-bien la probabilité des acquittements, et qu'ils savent qu'ils ont plus de chance d'impunité quand c'est la mort qui peut résulter pour eux d'un verdict de culpabilité, que lorsque la peine à appliquer leur conserve la vie.

Si nous passons ensuite à la France, nous voyons, depuis 1832, ce que peuvent l'adoucissement des peines et leur sage et philanthropique application par un jury auquel la peine de mort répugne.

Durant les sept années qui précédèrent l'admission des circonstances atténuantes dans les verdicts du jury (1), le nombre des accusés traduits devant la cour d'assise, tant pour crimes contre les personnes que pour ceux contre les propriétés, fut à la population du royaume, dans le rapport de 1 à 4392; ce rapport n'a été que de 1 à 4467 durant le même nombre d'années qui suivirent 1832.

Le nombre des condamnés, dans la première de ces deux périodes égales, fut, année moyenne, de 59 sur 100 accusés, et de 62 sur 100 dans la seconde.

La moyenne des condamnations à mort fut, dans la première période, de 110 par année, et, dans la seconde, de 39.

Le nombre des exécutions a été, en moyenne, de 70 avant 1832, et de 26 à 27 dans les années 1833, 34, 35, 36, 37, 38 et 39.

Les comptes qui ont été publiés depuis, de l'administration de la justice criminelle en France, vont jusqu'à l'année 1842; ils présentent tous trois des résultats plus satisfaisants encore que les sept précédents: le nombre des accusés de crimes pendant ces trois années ne donne, en moyenne, que 1 accusé sur 4527 habitants, et, pour la dernière des trois, 1 sur 4925; enfin, le rapport des condamnés aux accusés est:

Pour 1840, de 66 sur 100;

Pour 1841, de 67 sur 100;

Pour 1842, de 68 sur 100, c'est 9 pour cent de plus qu'avant 1832.

(1) Les comptes de l'administration de la justice criminelle en France ne remontent pas plus haut.

Ainsi, depuis 1832, moins d'accusés, plus de condamnations, et moins d'application de la peine de mort. Or, ce qui importe le plus pour la sûreté de la société, c'est que le crime ne soit pas impuni. La gravité du châtiment est loin de produire un aussi salutaire effet, et il est souvent un obstacle à toute punition.

Que quelques écrivains passionnés, irréfléchis, que des hommes craintifs ou atrabilaires, s'écrient, dans leurs moments d'humeur, que le crime, en France, déborde de toutes parts; que les forçats libérés mettent la société en danger; qu'ils sont la terreur du pays, etc., etc. (1), c'est là fermer les

(1) A une accusation de ce genre, portée à la tribune de la chambre des députés, un de nos grands orateurs, de nos plus profonds criminalistes, répondit par ces mots pleins de force et de vérité :

« . . . . . Chez tous les peuples dont nous connaissons les
» statistiques, le nombre des accusés, en proportion avec la
» population, est bien plus grand que chez nous Il
» n'y a pas de peuple qui soit moins *criminel* que le peuple
» de France. . . . . Quel peuple a plus de sympathie pour
» les belles choses, et d'antipathie pour les mauvaises?
» Quoi! nous entendons dire à cette tribune que le peuple
» est dans un état de dépravation déplorable! A entendre
» les accusations, la société se perd et se dégrade! Non,
» elle s'élève et se moralise . . . . . . Venir présenter à cette
» tribune la population française comme une population
» corrompue, c'est un mensonge, c'est un blasphême.
» Nous avons 5000 accusés sur 36 millions d'hommes, quel
» peuple en fournit moins? Vous avez cité une nation voi-
» sine; vous connaissez sa population; elle est souillée par
» 124000 accusés! etc. »

Voilà ce que disait M. Crémieux à la tribune, le 7 mai

yeux à l'évidence : ouvrez-les ; compulsez les archives de la justice ; jetez vos regards en arrière ;'
remontez les siècles, et dites si, à aucune époque et
en aucun pays, les routes, les forêts, les lieux les
plus sauvages, les plus écartés, ont jamais présenté aussi peu de danger qu'en France aujour-
d'hui. Les voitures publiques, que les hommes de
mon âge ont tous vues escortées par des détache-
ments de troupes de ligne et de gendarmerie, quand
elles transportaient des fonds du gouvernement,
font aujourd'hui les mêmes transports sans escorte,
et les voyageurs, qui ne marchaient qu'armés, et
les citadins, qui ne se retiraient, la nuit venue,
qu'avec quelque moyen de défense, ne portent pas
même maintenant, à toute heure de la nuit, la
moindre arme (1). Un tel abandon de notre propre
défense cause de loin en loin dans Paris ces vols
nocturnes de mouchoirs, de bourses et de montres,
accompagnés parfois d'actes de violence dont le

1844; je n'ai pas le temps de m'assurer de l'exactitude de
ces chiffres; mais, ce que je puis affirmer, d'après les documents que j'ai sous les yeux, c'est qu'en 1832, il y eut
en Angleterre, non compris l'Ecosse et l'Irlande, 20829
accusés de crimes, que 14947 furent condamnés, et qu'en
cette même année, sur une population triple, il n'y eut en
France, pour les crimes ordinaires de toute nature, que 7565
accusés et 4448 condamnés. C'est, on le voit, 8 à 9 fois moins
d'accusés, et 10 fois moins de criminels qu'en Angleterre
seule, sans l'Ecosse et l'Irlande.

(1) La police, en défendant à tout le monde les cannes
plombées, les cannes à épée, a trop désarmé les honnêtes
gens.

public parisien, ou ses journaux pour mieux dire, ont fait tant de bruit, bruit salutaire, puisqu'il a stimulé la police à mieux faire son devoir; les bandes qu'elle a tout récemment dépistées, arrêtées, n'ont, au surplus, effrayé, ou plutôt étonné, que depuis que les malfaiteurs qui les composaient sont au cachot (1); et, certes, alors qu'ils étaient en liberté, moins de vols, bien moins de meurtres surtout, ont été commis dans Paris, que sous la Restauration, l'Empire, la République et l'ancienne Monarchie; beaucoup moins, enfin, qu'aujourd'hui encore à Londres, Rome, Naples, Madrid, Saint-Pétersbourg.

En voilà assez sur la Toscane, l'Angleterre et la France. Nous prouverions également, en étendant nos investigations sur tous les autres peuples, anciens et modernes, que partout où les supplices s'adoucirent et où la peine de mort fut, sinon abolie, du moins très-rarement appliquée, les assassinats diminuèrent; que, partout où il a été fait de la peine de mort le plus fréquent emploi, les

(1) Leurs victimes ont presque toujours été des hommes efféminés ou esclaves de la mode, qui auraient craint de se fatiguer ou d'avoir mauvais genre en portant la moindre canne de défense, et qui, prenant leur mollesse pour du courage, vous auraient dit volontiers : « Je suis moins peu-» reux que vous, je laisse à la police le soin de veiller à ma » sûreté. » D'autres, et c'est le plus grand nombre, sont des êtres que leurs sales et honteuses passions ont poussé dans le piége que leur ont tendu, pour les voler, des femmes perdues, des hommes plus infâmes encore. Demandez-le aux juges qui ont entendu les témoins à huis clos.

meurtres se sont multipliés et ont été croissant en
férocité à mesure que les lois étaient plus barbares,
les juges plus implacables, les supplices plus atroces.

Il n'y a eu que trop souvent, dans la vie des
peuples, de ces actions réciproques de corruption,
de contagion morbifique des maîtres sur les sujets,
des sujets sur les maîtres, lèpre presque inguérissable qui dénature les nobles instincts de l'homme
et le rabaisse au-dessous des bêtes féroces.

Dieu, en créant les diverses races d'animaux,
les doua toutes, pour leur conservation, de qualités inhérentes à leur être. Le soin d'eux-mêmes,
la conservation de leurs petits, suffisent aux animaux qui vivent isolés ou en réunion fortuite et de
courte durée; il donna de plus à ceux qu'il voulait faire vivre en essaim, en tribu, le dévouement
à l'essaim, à la tribu. A ces qualités, à ces obligations de leur nature, il ajouta pour l'homme, qu'il
plaçait sur la terre en roi de tous les êtres vivants,
une âme immortelle, conservant de sa céleste origine la connaissance de Dieu et la pitié, cette fille
du ciel.

Amour de soi, amour plus vif encore de ses enfants, sentiment de la divinité, pitié pour les êtres
souffrants, conscience du juste et de l'injuste, dévouement à la patrie, besoin de l'estime publique,
ces qualités naissent avec nous; elles sont aussi
naturelles à l'homme bien conformé moralement,
que le mouvement de ses membres à l'homme bien
conformé physiquement. (1).

(1) « ..... Servir sa patrie, secourir son semblable, est

Je ne me suis adressé jusqu'à présent qu'aux personnes qui croient à la nécessité de la peine de mort, par la raison, disent-elles, qu'aucune autre n'effraye autant les hommes.

Un mot, maintenant, aux personnes qui, par un motif opposé, veulent conserver la même peine. Elles ne veulent la conserver dans nos codes que parce qu'elles la croient moins affreuse, moins terrible que la détention à vie dans l'isolement et le silence. Une simple réflexion suffira pour leur faire apercevoir l'erreur où les entraîne une pensée toute d'humanité. Le criminel, dans les fers, ne peut-il jamais, par un long et sincère repentir, par son amélioration, sa guérison morale, mériter sa grâce et de Dieu et des hommes? Et puis, n'a-t-il pas toujours le moyen d'échapper à la prison par la mort? Laissez le coupable commettre ce meurtre,

» une de ces obligations de notre nature dont rien ne peut
» nous détourner; Dieu nous a créés ainsi. L'ingratitude de
» l'homme que l'on a secouru, de la nation qu'on a servie,
» n'empêche pas de les secourir, de les servir encore. Notre
» instinct nous y porte; c'est un devoir, un besoin, auquel
» on ne peut se soustraire sans malaise, ni s'abandonner
» sans jouissance. La reconnaissance de ceux que nous
» avons obligés ajoute à ce plaisir, mais n'en est pas le
» mobile; notre dévouement a une plus noble source; il
» nous vient du ciel. L'ingratitude, de quelque part qu'elle
» vienne, ne diminuera jamais sur la terre le nombre des
» bons pères, des hommes bienfaisants, des généreux ci-
» toyens. » (*Marie-Thérèse de Bouès*, chap. V, pag. 13 et 14.)

Ainsi s'exprimait un jour devant moi, en 1793, et devant ses autres enfants, l'homme dont je chéris, dont je vénère le plus la mémoire.

5

ne le commettez pas pour lui. Je conçois les précautions que l'on prend pour empêcher les prisonniers de se tuer, quand on a pour motif, pour but, de laisser au coupable le temps de s'amender, de mériter son pardon dans le ciel et peut-être sur la terre ; mais, s'efforcer de le guérir de la maladie ou de la blessure qui peut l'enlever à l'échafaud, lui prodiguer les soins les plus empressés pour lui conserver la vie qu'on veut lui arracher violemment, le revêtir de l'horrible camisole de force pour qu'il ne puisse attenter à ses jours et avoir la satisfaction de l'égorger soi-même, est une hypocrisie révoltante, une cruauté froide qui inspire plus l'horreur que les fureurs de l'assassin s'acharnant avec colère sur sa victime. C'est une tragédie véritable que l'on donne, une tragédie où l'on veut assister en réalité ou en pensée ; et, quant à l'exemple salutaire qu'on dit en attendre, c'est, de la part des plus honnêtes gens, un mensonge qu'ils se font à eux-mêmes.

Quant à l'innocent condamné à une prison perpétuelle, que votre humanité, humanité sincère, je le sais, ne regrette pas pour lui une condamnation à mort : il a pour consolation dans les fers sa conscience et son Dieu ; il a l'espérance d'être rendu un jour à l'honneur et aux embrassements de sa famille. Que rendriez-vous à un pauvre père, à une mère désolée, si, par humanité, vous aviez fait tomber la tête de leur fils ?

Que les souverains de notre Europe civilisée fassent donc, après les jugements à mort, usage de leur droit de grâce ; droit sublime, quand ils le transforment en devoir. Combien doivent trembler

ceux qui ne le remplissent qu'à demi ! Combien ils
sont heureux le jour où ils apprennent que le condamné à mort dont ils ont commué la peine était
innocent, et qu'ils vont le rendre à sa famille, à
son pays, à la liberté, à l'honneur (1) !

Et puis, que je dise donc encore, que je redise
bien haut à tout le monde ce que tout le monde
sait : des actions qui, à une époque, ont paru dignes de mort, ont été jugées à d'autres époques
complétement innocentes ou susceptibles tout au
plus de quelques légers châtiments. Nous nous
récrions aujourd'hui contre la barbarie de ceux qui,
il y a deux ou trois siècles, condamnaient au feu,
et par milliers, des gens accusés de sortilége ou
d'hérésie ; nous ne pouvons concevoir qu'il y ait
eu des législateurs assez stupides ou assez féroces
pour rendre de pareilles lois, des juges assez lâches

---

(1) Ceci est écrit depuis plus d'un an, et voilà qu'au
moment d'être imprimé, m'arrive la preuve de ce que le
simple bon sens me faisait avancer.

De deux condamnés à mort par la cour de Rennes, comme
coupables d'un même crime, l'un a été gracié, l'autre exécuté à la fin du mois dernier (novembre 1844), et maintenant il se trouve que, par une erreur déplorable, le moins
coupable des deux, celui que le procureur général recon-
naissait comme tel, est celui qui a été exécuté. (Voir le
journal la *Patrie*, du 28 novembre 1844.)

En Belgique, presque au même moment, le sieur Ha-
berland, condamné à mort depuis deux ans par la cour
d'assises de Bruges, et dont la peine avait été commuée en
vingt années de travaux forcés, est reconnu entièrement
innocent et est rendu à sa malheureuse femme, à ses pauvres enfants. (Voir le *National* du 9 décembre 1844.)

ou assez sanguinaires pour les appliquer, et cependant, de nos jours encore, sous la Restauration, on insérait dans nos lois que l'*homme* qui toucherait à un objet consacré à Dieu par un autre *homme* aurait la tête tranchée. Mettre à mort, y eût-il doute de son crime, l'homme *accusé* de sacrilége, s'écriaient des législateurs irréligieux par excès de fanatisme, c'est renvoyer le coupable devant Dieu, son juge naturel. Nombre d'entre eux demandèrent même qu'on lui coupât le poignet avant de le tuer.

Aujourd'hui encore, en vertu de notre Code, revisé en 1832 dans des vues toutes d'humanité, la jeune femme qui, dans son égarement d'un instant, aura sacrifié ses doux et puissants instincts de mère qu'elle tenait de Dieu, à son honneur tel que les hommes l'ont fait, peut être condamnée à mort et livrée au bourreau.

Une grande erreur de la plupart des législateurs a été de vouloir rendre au coupable la mort pour la mort, le mal pour le mal, et souvent, bien souvent, un mal beaucoup plus grand. Ce n'est pas ainsi qu'un père punit ses enfants les plus dénaturés; ce n'est pas ainsi qu'une nation doit punir ses membres les plus coupables. La punition, pour être salutaire au coupable, utile à la société, *doit toujours être au-dessous de la faute.* Il le faut, si l'on veut qu'aucune faute ne soit impunie. La non-application de peines trop sévères amène l'impunité et les périls qui en dérivent; leur application, outre son injustice, a aussi ses périls, périls plus grands encore que les premiers; elle pousse au meurtre l'homme qui ne fut qu'égaré ou avide.

C'est ainsi que notre Code, en conservant la peine des galères pour des attentats à la pudeur, pousse le coupable, bien contrairement aux vues du législateur, à des crimes plus grands ; tandis que, dans les pays où ce crime n'est puni que du paiement d'une dot, de l'exil ou de la prison, etc., etc., et où le mariage exempte de toute peine, les attentats aux mœurs ne sont pas plus fréquents que chez nous, et n'y sont jamais suivis de meurtres (1). J'étais juré aux assises de Vannes, lorsqu'on y condamna aux galères un jeune paysan qui, par suite d'un pari, fait dans l'ivresse avec ses camarades, avait cherché à savoir, par un brusque attouchement, si une forte et grande paysanne, qui n'avait pas encore quinze ans, était apte au mariage, action que l'interprète Breton près la Cour d'assises avait rendue par ces mots : «L'accusé voulait savoir si à la jeune brebis avait ou non poussé de la laine. » A peine la jeune fille connut-elle le jugement prononcé contre celui qui l'avait si vivement offensée, qu'elle éclata devant la Cour d'assise en regrets, en sanglots, et que ses parents s'écrièrent, avec une sincère douleur, que s'ils avaient connu les conséquences de leur plainte, ils ne l'eussent jamais adressée aux tribunaux ; ils

(1) Voir les Codes d'Autriche, des Deux-Siciles, du Brésil, etc., etc. Il est d'autres dispositions de ce dernier Code bonnes à méditer, à imiter ; les crimes de lèse-majesté, et généralement toute espèce de crimes politiques, n'y sont point punis de mort, mais par la prison, pour un temps plus ou moins long, et par la prison perpétuelle quand le crime a été consommé à son degré le plus élevé.

se repentaient de ne pas s'en être remis à eux-mêmes du soin de se venger de l'offense faite à leur enfant. Les larmes de la jeune fille, les regrets de ses parents, les remords du coupable, eussent à l'audience même, en d'autres pays, amené une promesse de mariage, et au lieu d'un galérien de plus au bagne, un ménage de plus, un ménage heureux, se serait élevé là où deux familles se sont trouvées plongées dans la honte, la douleur, et ennemies à tout jamais.

De tels jugements conduisent des hommes égarés au meurtre, et les meurtriers à l'échafaud.

Il en est de même de plusieurs autres dispositions de notre Code. C'est ainsi que l'homme et la femme, doués également d'une âme immortelle, et l'un et l'autre égaux devant Dieu, sont traités si inégalement par nos lois, que de cette inégalité naît fréquemment l'assassinat de l'épouse, l'empoisonnement du mari.

Notre Code, revisé en 1832, n'excuse-t-il pas le mari qui tue sa femme infidèle, et ne condamne-t-il pas l'épouse tuant le mari qui la trahit? C'est à l'être robuste, violent, habitué aux combats et aux armes, que la loi permet l'assassinat de l'être faible, craintif et toujours désarmé, et elle le défend à cet être faible sous peine de mort. Des légistes justifient le Code de cette disposition inique par de terrestres considérations d'héritage et d'argent, et les tribunaux, presque toujours indulgents à l'excès pour le mari, alors qu'il y a eu de sa part la plus lâche préméditation, sont toujours sévères à l'excès pour la femme! C'est que ce sont des hommes qui ont fait nos lois, ce sont eux qui sont

juges, jurés, etc. Leur fol orgueil, qu'ils décorent
du nom d'honneur, et non leur amour, les porte
à punir de mort, dans leurs compagnes, les mêmes
fautes qu'ils se vantent journellement eux-mêmes
d'avoir fréquemment commises. La religion, une
sage philosophie, le sentiment du juste, dompte-
ront ce fol et barbare orgueil, digne tout au plus
de ces peuples ignorants et à demi sauvages, où
l'homme est tyran, la femme esclave; où il se re-
pose quand elle travaille, où il voyage nonchalam-
ment à cheval et elle à pied, ses enfants aux bras
et le bagage de la famille sur le dos.

Des préjugés d'un autre ordre et non moins
fâcheux ont, depuis la révolution de juillet, agi
sur la chambre des pairs, au point de lui faire
rejeter la proposition, adoptée par la chambre des
députés, du rétablissement de la loi du divorce,
que l'empereur des Français et le souverain pontife
de l'Eglise catholique avaient si sagement modifiée,
qu'ils en avaient éloigné tous les abus en en conservant tous les bienfaits. Le mariage devenait-il
un supplice pour l'un des conjoints, il pouvait le
rompre sans crime, et l'un et l'autre retrouver
dans une autre union le bonheur et la pratique
de toutes les vertus. Il n'en est pas de même
aujourd'hui; des hommes en ont décidé ainsi,
parce que l'homme a mille moyens d'échapper
sans crime au plus odieux mariage. La femme,
elle, est forcée de subir toute sa vie les mauvais
traitements de l'époux le plus haï, le plus méprisé,
et ce qui est pire encore, l'horrible torture de ses
brutales caresses. La loi actuelle, dira-t-on, lui
permet de s'en séparer : cela est vrai; mais elle

l'oblige en même temps à conserver un nom odieux, souvent même couvert d'infamie, et cet écriteau, elle le porte partout, dans sa maison comme au dehors, et il dit à tout le monde et ses douleurs et ses chagrins. Vous avez lié la victime au poteau à côté du criminel. Mais qui donc supprima la sage loi de l'empereur et du pontife? Qui? Un vieux roi, un peu libertin, qui voulut se donner un vernis de bonnes mœurs et de religion. Que la sage loi de l'empereur et du pape (1) soit rétablie; que de bienfaisantes dispositions arrêtent les infanticides, et aucune femme désormais ne portera sa tête sur l'échafaud.

D'autres articles de nos Codes devraient également être revisés pour les rendre dignes de notre âge, de cet âge où la morale pure et sublime de l'Evangile commence à pénétrer au fond des cœurs des grands et des petits, des forts et des faibles.

(1) La plupart des personnes qui affectent en France de voir dans le divorce une infraction aux lois du catholicisme, n'ignorent pas que, non-seulement le pape avait donné son assentiment à la loi de Napoléon, mais que le divorce, dans les Etats romains, est encore aujourd'hui bien plus facile qu'il ne l'était en France sous l'Empire.

L'abbé Richard, qui connaissait si bien les diverses juridictions des tribunaux pontificaux, s'exprime ainsi dans ses mémoires sur l'Italie : « Les procès de divorce ne sont » point rares à la Cour de Rome, qui ne se rend pas difficile » pour annuler les mariages entre époux qui ne se con- » viennent pas. Ces sortes d'affaires se traitent à Rome pour » tout le reste de l'Italie, l'Espagne et le Portugal, où les » jugements de la Cour de Rome, dans ces matières, ont » force de loi, même quant aux effets civils. »

N'oublions pas, lorsque nous nous livrerons à cet
important travail, que plus d'innocents que de
véritables coupables ont péri de la main du bourreau depuis que le monde est monde ; j'en appelle
à tous les souvenirs historiques, aux tortures des
premiers chrétiens, aux massacres des infidèles,
aux bûchers de l'inquisition, aux vengeances politiques ; j'en appelle aux jours néfastes de notre
propre et récente histoire. Les légistes de ces temps-
là croyaient venger la société, la défendre, l'amé-
liorer ; une même croyance nous égare, mais le
jour n'est pas loin, j'espère, où nos fils, lisant dans
nos annales que nous aussi nous avons fait mettre
à mort des hommes sur la place publique un jour
de marché ou au milieu des divertissements d'une
foire, et que le lâche exécuteur de ces meurtres
pouvait, riche de son infâme métier, venir mettre
son vote dans l'urne électorale, et, les mains encore teintes de sang, postuler, si telle eût été sa
volonté, une place de juge ; nos fils, dis-je, nous
accuseront d'horribles inconséquences, de cruauté,
de barbarie, de même que nous en accusons nos pères
pour avoir torturé, tenaillé, roué, brûlé, alors
que l'acquittement eût été de droit ou que la prison
eût suffi.

Chaque âge a cru bien faire, j'aime à le croire ;
mais chaque âge s'est trompé. Nous avançons vers
une ère meilleure : les supplices vont s'adoucis-
sant ; la peine de mort recule devant l'instinct de
l'homme ; les ouvriers, en plusieurs de nos villes,
se refusent à dresser l'échafaud et à aiguiser le
couteau homicide ; le bourreau et ses valets sont
forcés de se charger de ce soin ; la place publique

5.

reste déserte pendant l'exécution ; elle n'a plus même lieu que hors des murs. L'heureuse et salutaire innovation des circonstances atténuantes, introduite dans nos lois par des hommes à la fois magistrats habiles et législateurs profonds, met de tous côtés au grand jour la répugnance du pays pour la peine de mort (1), et nous touchons au moment où l'on se demandera quelle différence si grande existe entre celui qui ordonne le meurtre et celui qui l'exécute. Un crime capital a beau être des plus avérés pour les jurés, ils ajoutent à leur déclaration de culpabilité qu'il y a *des circonstances atténuantes*, et ils vous disent par là *qu'ils veulent la punition du coupable, mais qu'ils repoussent la peine de mort pour quelque crime que ce soit.*

(1) Cette révolte de l'âme, cette réprobation, vient de se manifester d'une manière bien significative en un pays soumis à un gouvernement absolu.

« Un paysan, condamné à mort en Savoie pour un assassinat, crime bien rare en ce pays, a été exécuté le 23 juillet 1844 à Chambéry ; à peine eut-il été suspendu à la corde fatale, que les cris : *à bas le bourreau !* s'élevèrent de toute part. Quelques pierres ayant été lancées au bourreau, il a tiré de sa poche un pistolet et, le tournant du côté des spectateurs, les a menacés de faire feu ; ce qui a produit un effet tout contraire à celui qu'il en attendait, car aussitôt une grêle de pierres, lancées par des enfants, il est vrai, n'a cessé de pleuvoir sur lui jusqu'à la prison. On ne dit pas que le bourreau, son valet et les archers, aient reçu des blessures graves, mais plusieurs projectiles les ont atteints. Cinq jeunes gens ont été arrêtés. » (*Lettre de Chambéry, en date du 24 juillet, insérée dans le journal* la Patrie *du 1er août* 1844.)

Il y a dans ces verdicts du jury un mensonge plein de vertu, un de ces mensonges que Dieu nous inspire, nous commande, pour épargner un crime à quelques hommes ou à la société tout entière ; mais de ce mensonge tant de fois répété il est temps d'écouter le profond avertissement : les efforts du législateur doivent tendre sans cesse à adoucir les mœurs sans énerver le courage, et lorsque le peuple le devance dans cette noble route, c'est à lui de se hâter de l'y suivre.

Le respect pour les lois s'affaiblit de la continuation des subterfuges nécessaires pour y lire ce qui devrait y être écrit en toutes lettres. Déjà certain public, public peu nombreux, il est vrai, ou fort ignorant, regarde toute déclaration de circonstances atténuantes comme un acte de faiblesse des jurés, alors qu'il n'y a eu de leur part que fermeté et profonde sagesse. Le sort de la salutaire loi pourrait à la longue s'en trouver compromis. On a entendu des procureurs du roi demander avec acharnement la peine de mort contre des accusés de parricide, et inviter les jurés à absoudre l'accusé plutôt que de donner le scandale, disaient-ils, d'admettre, pour un tel forfait, des circonstances atténuantes ; les défenseurs, avec plus d'habileté, adresser même prière aux jurés : point de déclaration de circonstances atténuantes, se sont-ils écriés, l'acquittement ou la mort ! et les jurés, qu'eussent pu troubler ces cris que poussaient à la fois l'accusation et la défense, se sont maintenus avec fermeté dans la ligne de leurs devoirs et de leurs droits, en rendant des verdicts qui, sans faire couler le sang, ont retranché à tout jamais les monstres de la société, et les ont livrés pour le reste de leurs jours à l'incessant et douloureux supplice du remords et de l'infamie.

Des parricides au bagne ! s'est écrié il y a peu de temps encore un député à la tribune, quelle horreur ! quelle faiblesse ! Aurait-il donc préféré qu'on les eût acquittés? Eh bien, cela se faisait fréquemment avant 1832 : on les acquittait, et on les acquitterait encore si l'on ne pouvait substituer une autre peine à la peine de mort par une déclaration dont la véritable signification, de la part d'un jury parlant au nom de la société, n'est autre que celle-ci : Retranchez ce monstre, cet infâme, du milieu des citoyens, mais que ce soit sans un nouveau meurtre.

Si le magistrat, le député, qui se plaignait avec tant de violence, tant d'injustice, de ce qu'il appelait les faiblesses du jury, eût jeté les yeux sur le compte de l'administration de la justice criminelle en 1841, récemment distribué aux députés, aux magistrats, il y aurait vu que sur les 1526 condamnés pour lesquels, en raison de la déclaration des circonstances atténuantes par le jury, les magistrats de la Cour d'assises pouvaient abaisser la peine d'un degré ou de deux, il y avait eu 1021 de ces condamnés, pour lesquels ils l'avaient abaissé de deux degrés ; que, parmi les 1526 condamnés, 207 avaient commis des crimes emportant peine de mort, et que sur ces 207, admis par le jury au bénéfice des circonstances atténuantes, les magistrats avaient abaissé la peine de deux dégres pour 121 d'entre eux ; en voici le détail :

ANNÉE 1841.

Nature des crimes.	Nombre des accusés de crimes capitaux à l'égard desquels le jury a déclaré des circonstances atténuantes, et dont la Cour a par suite réduit la peine :		Nombre des condamnés sans déclaration de circonstances atténuantes, pour crimes emportant peine de mort :	
	D'un degré quand elle pouvait l'abaisser de deux.	De deux degrés.	Graciés.	Exécutés.
Assassinat..	50	24	16	31
Baraterie...	0	2	0	0
Empoisonnt.	10	9	0	4
Incendie....	6	36	1	0
Infanticide..	12	48	1	2
Meurtre....	4	1	3	0
Parricide....	4	1	0	0
	86	121	21	37
	Total.......... 207		Total.......... 58	

Ces chiffres et ceux des années précédentes nous montrent les magistrats donnant, par de nombreux abaissements de 2 degrés au-dessous de la peine de mort, le témoignage le plus éclatant de la sagacité des jurés.

Si tous les députés avaient eu ces faits présents à leur pensée, l'un d'eux, M. de Peyramont, membre du parquet d'une Cour royale, ne se serait pas écrié à la tribune que, « par l'admission des circonstances atténuantes, on avait, depuis 1832, mis le Code pénal à la merci des jurés..... de ces hommes que l'on enlève pour un instant, celui-ci à son champ, celui-là à son magasin, un autre à son atelier...., et qui donnent tous les jours un spectacle désolant pour la conscience publique.»

A ces paroles, si légèrement hasardées, un de ses collègues, M. Crémieux, répondit par des paroles graves et des chiffres incontestables : « La loi de 1832, dit-il, qu'on nous a représentée comme une loi fatale...., a rendu la répression plus active, la peine plus certaine.... Savez-vous ce qu'elle a produit depuis dix ans.... A entendre M. de Peyramont, qui l'a si violemment attaquée, elle a été désastreuse ; pourquoi ? parce que les jurés ont osé déclarer des circonstances atténuantes à l'égard de certains parricides, de certains empoisonneurs.... Eh bien, voici ce qui s'est passé avant 1832, et ce qui s'est passé depuis 1832, pour les trois grands crimes que l'on vous a surtout signalés.... (1) :

(1) Les chiffres que je vais donner diffèrent un peu de ceux que le *Moniteur* a rapportés ; ses sténographes ne les

» Assassinats : Il y avait, de 1827 jusques et compris 1831, 42 acquittements sur 100; par conséquent, 58 condamnés.

» De 1833 à 1839 compris , 33 acquittements
sur 100 ; par conséquent, 67 condamnés.

» En 1840 et 1841, 30 sur 100; donc 70 condamnations.

»..... Et voici comment, pour les assassinats,
se sont distribuées les peines afflictives et infamantes; il est inutile de parler des autres.

» De 1827 jusqu'en 1831, 46 coupables sur 58
étaient condamnés à des peines afflictives et infamantes; 79 sur 100.

» En 1840 et 1841, 66 sur 70 étaient condamnés
à des peines afflictives et infamantes ; 94 sur 100.

»..... Voilà donc cette loi de 1832, si déplorable , qui a augmenté la masse des condamnations
contre les assassins dans une progression considérable, et les condamnations à des peines afflictives
et infamantes dans une proportion bien plus considérable encore.

» J'ai parlé des assassinats, voici ce qui concerne
les empoisonnements :

» De 1827 à 1831 , inclusivement , 197 accusés,

auront pas toujours entendus bien distinctement ; et moi,
je les ai tous vérifiés. J'ai cru , de plus, devoir mettre hors
de compte l'année 1832, comme appartenant à la fois aux
deux situations : celle qu'a créée l'admission des circonstances atténuantes, et celle qui la précéda. J'ai voulu aller
au-devant de toutes les objections que l'on aurait pu faire
aux excellents raisonnements de l'orateur sur la sage application de la loi de 1832 par les jurés.

128 acquittés ; c'est 65 acquittements sur 100; donc 35 condamnés.

» En 1839, 1840 et 1841 (je m'arrête en 1841, parce que c'est la dernière année publiée par M. le garde des sceaux), les chiffres sont renversés ; ce n'est plus 65 acquittements et 35 condamnations, c'est 35 acquittements et 65 condamnés. Je le répète, les chiffres sont renversés. Ainsi, avec cette législation de 1832, que l'on présente comme trop humaine et comme jetant la perturbation dans notre Code pénal, voyez comme les condamnations augmentent pour l'empoisonnement, ce crime redoutable.

» Arrivons au crime le plus affreux, le plus détestable de tous, au parricide.

» On s'est élevé contre l'indulgence apportée par les jurés. Ecoutez ceci :

» De 1827 jusqu'en 1831, pour les parricides, 50 condamnations sur 100 accusés.

» En 1839, 1840 et 1841, 65 condamnés sur 100, au lieu de 50 ; tous l'ont été à des peines afflictives et infamantes.

» Que voulez-vous que fasse de plus le jury (1) ? Voulez-vous que chaque jour on dresse l'échafaud ?

_____

(1) Sur 14 condamnés pour parricide, en 1840, le jury avait repoussé la peine de mort pour 7. Pour un de ces 7, les magistrats abaissèrent la peine de deux degrés, alors qu'ils pouvaient ne l'abaisser que d'un ; et sur les 7 autres, pour lesquels le jury n'avait pas admis de circonstances atténuantes, le roi, mieux informé encore, commua pour l'un d'eux la peine capitale en celle des travaux forcés à perpétuité.

Il s'est dressé, en 1840 et en 1841, une fois chaque semaine, et vous trouvez qu'il n'y a pas assez de répression ! »

Tels furent les principaux faits qu'opposa l'orateur, avec sa vive éloquence, aux quelques dépréciateurs du jury. La France entière, à qui cette noble institution est si chère (1), y applaudit avec ses députés et les ministres du roi. Ajoutons encore que les nombreux ministres de la justice qui se sont succédé depuis 1832 ont tous constaté, dans leur rapport annuel à sa majesté, l'efficacité de l'introduction des circonstances atténuantes, et reconnu la sage application que le jury n'avait cessé d'en faire.

Mais ces mots *circonstances atténuantes*, qui, pour la plupart des jurés et des magistrats, pour les législateurs et le souverain, indiquent que l'on veut punir le crime d'une manière plus morale, plus utile, plus protectrice pour la société que par un meurtre, ces mots n'expriment pas assez nettement pour tout le monde, nous venons d'en avoir la preuve, ce qu'ils signifient réellement ; il faut

(1) Cette institution, si justement chère à la France, n'y a jamais été pratiquée dans toute sa sincérité. Sans parler des lois antérieures, la loi actuelle n'accorde-t-elle pas aux préfets le droit de *choisir*, sur la liste générale des jurés de leur département, qui bon leur semble pour former la liste trimestrielle, soumise ensuite au tirage au sort par le premier président de la Cour royale ?

La liste des hommes choisis par le préfet ne pouvant être au plus que de 300 (celle du préfet du département de la Seine exceptée), et les mêmes personnes pouvant y figurer de nouveau à un an d'intervalle, n'arrive-t-il pas souvent

donc maintenant, dans l'intérêt de la société et du
respect dû aux déclarations des hommes appelés à
rendre la justice à leurs concitoyens, il faut à ces
mots, *circonstances atténuantes*, en substituer d'autres auxquels personne ne puisse se méprendre, ou,
mieux encore, abolir tout à fait le meurtre judiciaire. Ce fut une des premières pensées du roi à
son avènement au trône, et il la confia, durant le
procès des ministres de son prédécesseur, à des
magistrats d'une haute moralité et d'un grand
savoir, que leur modestie m'empêche de nommer
aujourd'hui, mais que je nommerai un jour, et ils
lui représentèrent que l'introduction des circonstances atténuantes dans les verdicts du jury était
un acheminement indispensable à l'abolition définitive de la peine de mort ; qu'en agir autrement
serait compromettre le vœu de sa majesté, le leur,
celui de tous les hommes de bien que les préjugés
et la peur n'égarent plus depuis longtemps ; que
ceux qui sont encore atteints de ces préjugés et de
cette peur s'éclaireraient à cette sage épreuve des
sentiments de la nation, et que l'horrible peine de
mort pourrait alors être effacée de nos Codes, sans
nous laisser la crainte de la voir un jour en souil-
ler de nouveau les pages et affliger l'humanité.

que sur 3000 personnes, parmi lesquelles un préfet aura
à choisir, il y en a seulement 6 à 700 qui, par moitié, alternant d'année en année, sont chargées constamment de
décider de la culpabilité des accusés ? Un tel ordre de choses
est-il donc sans inconvénient, sans danger ? N'ôte-t-il rien
à la confiance indéfinie qu'en toute circonstance et pour
toute espèce d'accusation les accusés doivent avoir dans
l'indépendance et l'impartialité du jury ?

Gloire aux souverains, honneur aux magistrats, qui, après avoir conçu de tels projets, en poursuivent l'accomplissement avec constance, et mettent leur bonheur à voir dans un avenir prochain un grand acte d'humanité et de profonde sagesse s'étendre sur toute la terre, et y faire bénir à jamais leur mémoire !

Que tous les hommes, que tous les peuples, marchent dans cette voie (1) ; que personne n'oublie :

Que si l'homme, considéré comme individu ou comme nation, a, pour défendre sa vie, son existence, le droit incontestable de donner la mort, ce droit cesse avec la victoire, cesse avec le péril ;

Que la cessation de ce droit après la victoire est toute dans l'intérêt de l'homme-individu et de l'homme-nation ;

Que partout où les vainqueurs ont mis à mort les vaincus, quelque coupables, quelque criminels que fussent ceux-ci, les guerres sont devenues plus cruelles, les mœurs plus féroces, les crimes plus nombreux ;

Que les exécutions publiques (cette froide vengeance sans péril de la société sur le criminel vaincu) n'affligent, ne punissent, n'effrayent que les hommes qu'il ne faut affliger, ni punir, ni effrayer ; qu'elles sont pour les autres un spectacle qui les

---

(1) On m'assure à l'instant que le roi de Suède vient de proposer aux chambres législatives de ses Etats l'abolition de la peine de mort. Elles applaudiront à cette haute pensée, pensée sage, humaine, chrétienne, politique, digne en tout point du monarque d'un peuple libre et généreux.

corrompt, les enivre, les fait rêver à ce plaisir des assassins et des tyrans, d'être l'effroi de leurs semblables, de régner sur eux par la peur, et de les immoler pour se repaître de leurs richesses et de leur sang;

Que l'accumulation fatale de circonstances accusatrices peut induire les hommes les plus sages, les plus habiles, à déclarer coupable l'être le plus innocent ;

Et, pénétrés de ces vérités, les hommes de bien, les hommes de cœur, ne cesseront de redire tous les jours, de redire sans cesse aux puissants de la terre ces paroles écrites de la main de Dieu au fond de tous les cœurs, et non entièrement effacées d'aucun :

POINT DE CONDAMNATIONS IRRÉPARABLES, POINT DE PEINE DE MORT !!!

FIN.

TABLE.

—

CHAPITRE Ier. — De la justice criminelle en Toscane. . . . . pag.   5

CHAPITRE II. — De la probabilité mathématique des jugements.   39

CHAPITRE III. — De la peine de mort. . . .   60

FIN DE LA TABLE.

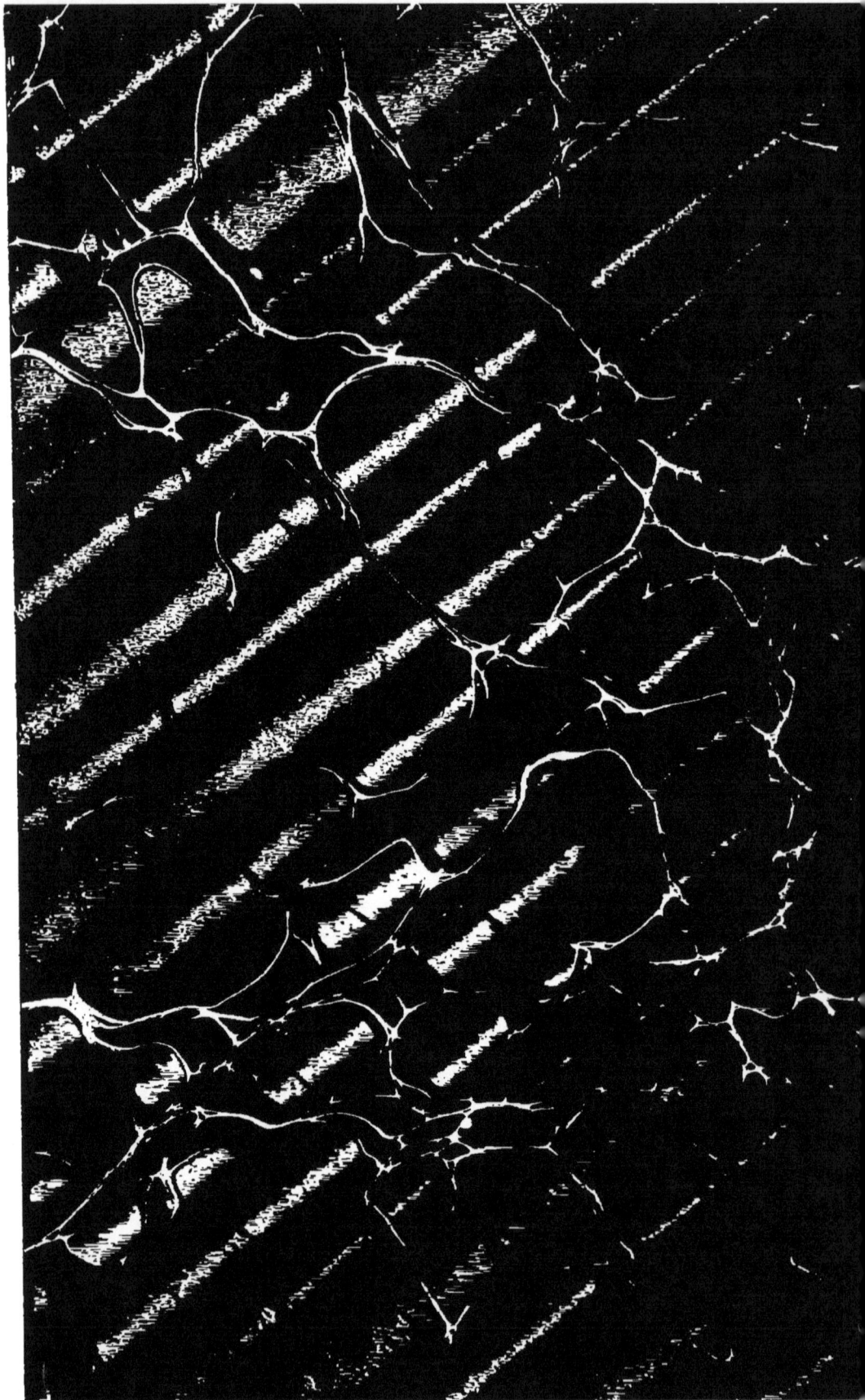

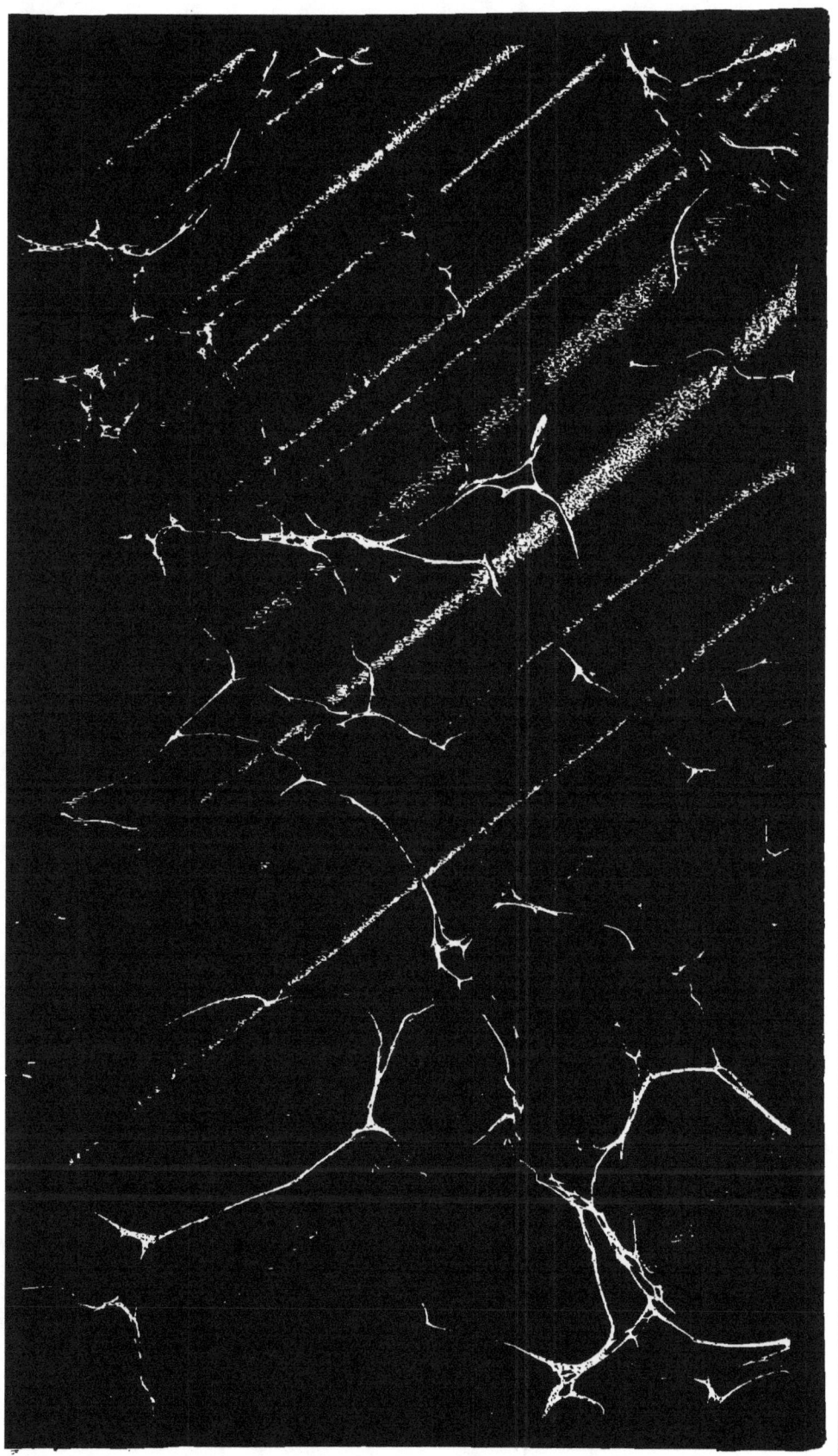

www.ingramcontent.com/pod-product-compliance
Lightning Source LLC
Chambersburg PA
CBHW062037200326
41519CB00017B/5057